Juan Luis Cueto
Jorge Gómez Gómez
Byron Oviedo Bayas

SISTEMA DE BALANCEO DE CARGA Y OPTIMIZACIÓN DE LA CALIDAD DE SERVICIOS

Juan Luis Cueto
Jorge Gómez Gómez
Byron Oviedo Bayas

SISTEMA DE BALANCEO DE CARGA Y OPTIMIZACIÓN DE LA CALIDAD DE SERVICIOS

Configuración de un balanceador de carga en Mininet-WiFi

PUBLICIA

Imprint

Cover image: www.ingimage.com

Publisher:
PUBLICIA
is a trademark of
Dodo Books Indian Ocean Ltd. and OmniScriptum S.R.L publishing group

120 High Road, East Finchley, London, N2 9ED, United Kingdom
Str. Armeneasca 28/1, office 1, Chisinau MD-2012, Republic of Moldova, Europe
Managing Directors: Ieva Konstantinova, Victoria Ursu
info@omniscriptum.com

Printed at: see last page
ISBN: 978-3-639-55623-0

SISTEMA DE BALANCEO DE CARGA Y OPTIMIZACIÓN DE LA CALIDAD DE SERVICIOS

Juan Luis Cueto

Jorge Gómez Gómez

Byron Oviedo Bayas

SISTEMA DE BALANCEO DE CARGA Y OPTIMIZACIÓN DE LA CALIDAD DE SERVICIOS

Configuración de un balanceador de carga en Mininet-WiFi

Juan Luis Cueto

Jorge Gómez Gómez

Byron Oviedo Bayas

SOBRE LOS AUTORES:

JUAN LUIS CUETO:

Ingeniero de Sistemas, egresado de la Universidad de Córdoba, Colombia, con conocimientos básicos e intermedios sobre programación en Python, diseño de interfaces, desarrollo web con tecnologías como HTML, JavaScript, Node.js, Express, PHP básico, frameworks como Vue.js, Angular.js, Electron.js, SQL nivel básico-intermedio, modelado de bases de datos, ingeniería de software e ingeniería electrónica básica, base a los cuales, ha desarrollado y colaborado proyectos de impacto académico y comunitario como aplicaciones para gestión de inventario, sistemas de monitoreo de factores climáticos con IA, sistemas de gestión de hardware de telecomunicaciones y sistemas de control de acceso de personal, así como también presenta intereses sobre temas como IoT, redes definidas por software e Inteligencia Artificial, temática sobre los cuales ha escrito algunos artículos científicos; de los cuales uno de ellos publicado en la revista Onboard Knowledge Journal de la Escuela Naval de Cadetes Almirante Padilla. En resumen, la meta que considera clara se centra en seguir adquiriendo conocimientos y contribuir en gran medida al avance técnico, tecnológico y social que cada día se hace más notable.

JORGE GÓMEZ GÓMEZ:

Ingeniero de Sistemas de profesión egresado de la Fundación Universitaria San Martín, Magíster en Ingeniería Telemática de la Universidad del Cauca, Doctorado en Tecnologías de la Información y las Comunicaciones de la Universidad de Granada España, profesor de tiempo completo de la carrera de Ingeniería de Sistemas de la Universidad de Córdoba. Director del grupo de investigación SÓCRATES de la carrera de Ingeniería de Sistemas de la Universidad de Córdoba, Editor jefe de la revista Ingeniería e Innovación de la Universidad de Córdoba. Miembro y fundador de la rama estudiantil IEEE de la Universidad de Córdoba. He publicado numerosos artículos en el área de Internet de las Cosas, Context Awareness, e-learning, redes de telecomunicaciones, en diferentes revistas indexadas en los índices JCR y SCOPUS. He desarrollado proyectos de investigación relacionados con seguridad ciudadana, ciudades inteligentes, Internet de las cosas para temas de salud, entre otros. Soy el coordinador del grupo de investigación en Computación Pervasiva de la carrera de Ingeniería de Sistemas de la Universidad de Córdoba. En este grupo de investigación desarrollamos actividades de investigación orientadas a sistemas inteligentes basados en tecnologías como RFID, NFC, QRCODE, sistemas de geolocalización, sistemas ubicuos y omnipresentes. También en este semillero los estudiantes proponen soluciones en los temas antes mencionados; los miembros participan activamente dentro y fuera de la universidad en actividades de investigación. Como resultado, muchos miembros han ganado premios regionales y nacionales. Además, he participado como jurado evaluador de revistas indexadas, tesis de maestría y doctorado. También soy editor invitado de la revista Computational and Mathematical Methods in Medicine-Hindawi. He sido profesor invitado de la Corporación Universitaria de la Costa, en el doctorado de Tecnologías de la Información y las Comunicaciones, en la materia Representación semántica de la información en entornos ubicuos. He sido profesor de la Universidad Cooperativa de Colombia en Montería del 2008 al 2015, donde impartí cursos de inteligencia artificial, bases de datos y redes de telecomunicaciones. De igual forma fui docente de la Universidad del Sinú en los años 2008 al 2015, donde también fui director del grupo de investigación GNOCIX de la carrera de Ingeniería de Sistemas. He sido conferencista en eventos nacionales e internacionales. A nivel internacional fui invitado por la Universidad Técnica Estatal de Quevedo Ecuador a impartir un seminario sobre Internet de las Cosas en el año 2014. En el año 2016 fui invitado por la Universidad de Babahoyo Ecuador a impartir un seminario taller sobre Sistemas Ubicuos. He participado en convocatorias internas de investigación de la Universidad de Córdoba, así como en convocatorias externas como Minciencias.

Finalmente puedo decir que con la experiencia que he tenido a lo largo de los años como profesional, he contribuido a generar nuevos conocimientos, esto se ha reflejado en los artículos que he publicado, los trabajos de posgrado que he dirigido, los cursos que he impartido y la apropiación del conocimiento a la comunidad educativa. Dentro de la Rama IEEE de la Universidad de Córdoba, he impulsado la investigación y la proyección social del conocimiento a entornos sociales que lo han requerido.

BYRON OVIEDO BAYAS:

El Dr. Byron Wladimir Oviedo Bayas es un destacado académico ecuatoriano con una sólida trayectoria en docencia, investigación y gestión universitaria. Ingeniero en Sistemas e Informática, posee un Máster en Eléctrica con mención en Conectividad y Redes de Telecomunicaciones y un Doctorado en Tecnologías de la Información y Comunicación por la Universidad de Granada. Actualmente se desempeña como Decano de Posgrado en la Universidad Técnica Estatal de Quevedo (UTEQ), donde ha ocupado cargos clave como director de Investigación, Vinculación y Revistas Científicas, así como Decano de la Facultad de Ingeniería. Es autor de múltiples programas de maestría y de grado, y ha sido coordinador de diversas carreras. Su producción académica incluye más de 100 artículos científicos en revistas indexadas y capítulos de libros en editoriales internacionales como Springer, ScienceDirect e IEEE. Además, ha dirigido y participado en proyectos de investigación sobre redes bayesianas, inteligencia artificial, bioinformática y TIC aplicadas a la educación y la agricultura. Es revisor en más de 30 revistas científicas de alto impacto, miembro de comités científicos internacionales y ha coordinado eventos académicos de relevancia. Su labor ha sido reconocida por organismos como SCOPUS, Web of Science y Google Scholar, donde figura como investigador acreditado por SENESCYT. Con más de 25 años de experiencia en educación superior, ha combinado su vocación académica con un compromiso firme por la innovación, la calidad y la transformación digital en el ámbito universitario. Su perfil evidencia liderazgo, excelencia investigativa y una visión estratégica del desarrollo educativo y tecnológico.

Dedicatoria de Juan

A Dios le dedico este triunfo y le doy mil gracias por su constante compromiso conmigo, que a pesar de tantas fallas día tras día, sus bendiciones siempre estuvieron ahí en todo tiempo y camino, aunque no lo haya notado. Gracias por todo padre celestial. "Que tu voluntad prevalezca siempre sobre la mía.".

A mi familia le doy gracias por su apoyo incondicional, todo su esfuerzo, sacrificio y compromiso conmigo desde que decidí emprender este camino sin duda alguna fue lo que me llevó a alcanzar esta gran meta que muchas veces llegó a parecer imposible. ¡Gracias por todo!

Agradecimientos especiales a:
Raúl Andrés Cueto Morelo, mi hermano, por haberme convencido de emprender esta aventura que terminó por ser muy interesante.
Jorge Eliecer Gómez Gómez, mi tutor, por haber mostrado compromiso conmigo y haberme motivado para asumir el desafío de sacar adelante este proyecto.

Agradecimientos:
Yirien Ortiz, Yuliana Diaz y Elías Ballestero, mis compañeros de trabajo desde el principio. ¡Queridos amigos, su apoyo durante estos cinco años de labores académicas no merece pasar desapercibido! Su contribución para este triunfo fue algo muy significativo. Gracias a Dios todopoderoso por haberme dado compañeros tan responsables, inteligentes e íntegros como estos. ¡Mis mejores deseos para ustedes!

Índice

Resumen

Actualmente la creciente demanda de conectividad, sumada al exponencial aumento de tráfico de datos presenta desafíos significativos para las redes WiFi, entre lo que destaca la gestión de calidad de servicios y balanceo de carga. Estos problemas se agravan con la evolución tecnológica y la integración de sistemas como Inteligencia Artificial e IoT, los cuales generan volúmenes de datos tales que las infraestructuras actuales no manejan eficientemente; este proyecto planteó diseñar un sistema basado en entorno SDN que, utilizando el controlador Ryu, integró algoritmos de QoS y balanceo de carga en switches SDN, apoyados por técnicas de aprendizaje automático. La metodología aplicada abarcó análisis, diseño, implementación, evaluación y optimización mediante simulaciones y pruebas en diferentes escenarios controlados; entre lo esperado, el sistema mejoró aspectos como distribución de tráfico, reducción de latencia, pérdida de paquetes, y otros recursos de red, garantizando una mejor experiencia de uso y mayor eficiencia en la operación de las redes frente a las crecientes demandas; en síntesis, con la solución propuesta se optimizaron los problemas actuales de congestión y sobrecarga en redes WiFi con un enfoque basado en SDN y aprendizaje automático, ofreciendo una alternativa eficiente y escalable para mejorar la eficiencia de las redes modernas.

Introducción

Hoy día, la digitalización mundial que se vive es un fenómeno inevitable que de una u otra forma nos obliga a adaptarnos a dicho ambiente, y no solo a nosotros, también a las tecnologías que hacen posible dicha digitalización, es decir, la obsolescencia tecnológica (por ejemplo, hardware antiguo) amplía la brecha entre la demanda de conectividad y la capacidad de infraestructura. Un fenómeno en toda esta multitud que llama la atención es el tema de las redes, ¿de qué manera? Simplemente porque las redes son lo que hacen posible el avance tecnológico, gracias a la internet podemos potenciar y optimizar el proceso de aprendizaje y con ello la innovación tecnológica y el desarrollo de nuevas soluciones tecnológicas para suplir todo tipo de demandas.

Entre abril de 2020 y diciembre de 2022, el porcentaje de microempresas que invirtió en soluciones digitales se duplicó del 10 % al 20 %, pero en el caso de las compañías grandes, dicho porcentaje se triplicó, del 20 % al 60 %. Asia oriental se ha ubicado a la vanguardia de las regiones en desarrollo, puesto que allí la proporción de empresas que invierten en soluciones digitales se cuadruplicó del 13 % al 54 % entre 2020 y 2022. En otras regiones, a finales de 2022 menos del 30 % de las empresas había hecho este tipo de inversiones (Banco Mundial, 2023).

Estas inversiones en digitalización, sin embargo, dependen de infraestructuras robustas de conectividad, donde las redes Wi-Fi juegan un papel central, dicho esto, se puede apreciar la parte crítica tanto en entornos empresariales como domésticos al ofrecer acceso a internet para gran cantidad de dispositivos a la vez. Sin embargo, esta creciente demanda (impulsada por la pandemia del COVID-19) también presenta desafíos significativos, como la gestión de la calidad de los servicios (QoS) y el balanceo de carga para los medios que gestionan el tráfico en las redes ante el inminente aumento de trafico de información. Ante esta problemática, este estudio buscó implementar un algoritmo para la optimización de la calidad del servicio (QoS) y el balanceo de carga en redes Wi-Fi a través del controlador Ryu en entornos SDN. Para lograrlo, se analizó la arquitectura y funcionamiento de las redes Wi-Fi actuales, identificando sus limitaciones en cuanto a QoS y balanceo de carga. Además, se evaluaron tecnologías y algoritmos existentes que permiten mejorar estos aspectos en redes Wi-Fi dentro del contexto SDN y se realizaron ajustes con base al rendimiento para optimizar la solución a implementar. Dentro de este marco, los resultados obtenidos demostraron que el modelo propuesto mejoró factores como el uso del ancho de banda, la optimización del jitter mediante un esquema dinámico de QoS con balanceo de carga y una reducción de la latencia de la red gracias al balanceo basado en datos en tiempo real, lo que reafirma que este tipo de enfoque no solo mejora la eficiencia de las redes Wi-Fi, sino que también garantiza un mejor rendimiento, optimizando los recursos físicos y de la red proporcionando así, una experiencia de usuario más fluida y confiable.

Capítulo 1

1.1 Fundamentos teóricos

Las Redes Definidas por Software (SDN), se contemplan como la nueva alternativa a las tradicionales redes de internet que a diario se acostumbra a utilizar, llegando a, en muchos casos reemplazar su uso debido a ventajas como flexibilidad y escalabilidad tanto en IoT como en tecnologías de menor desarrollo. El concepto surge como solución a la necesidad de minimizar y simplificar la administración y mantenimiento de las redes, para el caso de la nube, por ejemplo, una arquitectura que se expande se termina por volver difícil de mantener y escalar, por lo que simplificar o eliminar ese proceso haciéndolo innecesario era un gran paso para garantizar una gestión sencilla (GEEKFLARE, 2024).

De manera más general, las SDN se pueden definir como un enfoque de redes cuya arquitectura se compone de capas separadas gestionadas a través de controladores que tienen la capacidad de ser programables, es decir, están basados en software o APIs (Interfaz De Programación de Aplicaciones) que posibilitan la comunicación con el resto de la infraestructura tanto física como virtual de la red para así gestionar el tráfico en la red (RedHat, 2020). A continuación, se describen conceptos de interés que se requiere conocer para el correcto entendimiento del enfoque de esta investigación:

1.2 Arquitectura SDN y componentes.

Como se ha mencionado líneas más arriba, las SDN se componen por capas y controladores, de esta manera se garantiza que, así como en MVC, como la arquitectura de microservicios o como lo planten los principios Solid, cada cosa esté bien organizada y pueda gestionarse de manera eficiente y sea escalable. Asimismo, es una de las ventajas que han posesionado a SDN en el mercado, a continuación, se mencionará más en detalle esta arquitectura (ver Figura 1):

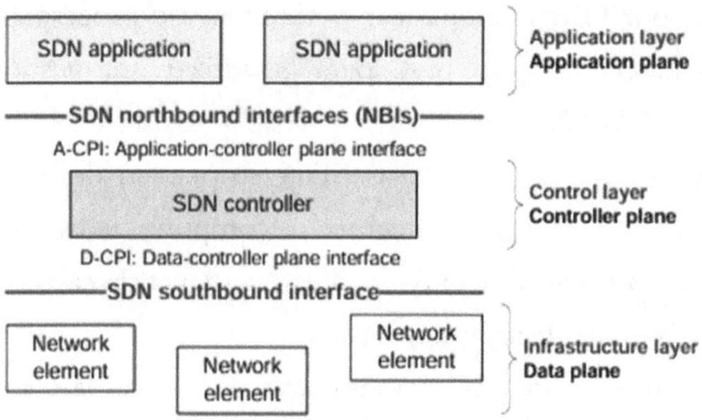

Figura 1. Arquitectura básica de una SDN. Tomado de https://opennetworking.org/wp-content/uploads/2013/02/TR_SDN_ARCH_1.0_06062014.pdf

1.2.1. La capa de aplicación

En esta capa se contempla todo lo que corresponde a las aplicaciones y programas en red, los cuales son los que interactúan con los clientes para enviar los paquetes de datos o peticiones a servidores.

1.2.2. La capa de control

En esta capa es donde se contiene la parte de definición de software, es decir, aquí es donde se encuentra el controlador SDN, en este caso, centralizado (también pueden ser distribuidos como alternativa al tema de la sobrecarga) que actúa como núcleo de toda la red, usualmente está contenido en un servidor que está conectado a toda la infraestructura de la red, es el quien gestiona las políticas de red y las entidades lógicas que la componen, esta capa es la que actúa como "fachada" entre la capa de infraestructura y la capa de aplicación (lo que envía la capa de aplicación lo recibe el controlador, este lo procesa y lo envía al servidor para devolver la respuesta de la misma manera).

1.2.3. La capa de infraestructura

Es aquí donde se contiene todo lo que se define como *unidades físicas* de la red, por ejemplo, conmutadores y enrutadores que permiten mover los paquetes de un destino a otro a través de la red.

1.2.4. Topologías de red

Estas no son precisamente la estructura física, la topología de la red es la forma en como está estructurada cada conexión inicio a destino que, en conjunto, es lo que forma la red. Siendo así, cada switch o router; los medios que regulan y redirigen el tráfico por dichos caminos bajo supervisión u orden del controlador.

1.2.5. Aplicaciones

Se pueden considerar como los canales que generan los volúmenes de datos que son enviados por los usuarios o de manera automática a los servidores; estos datos pueden ser simples peticiones de solicitud de recursos o paquetes de datos que van de un destino a otro.

1.2.6. Controlador SDN

Este el cerebro de la red, como ya se ha mencionado, se ubica en la capa de control, y no siempre es uno solo, ya que en ocasiones pueden encontrarse SDN con controladores distribuidos para el manejo de las cagas y evitar congestión.

1.2.7. Dispositivos de red

Son las unidades físicas o virtuales que conforman la infraestructura de la red.

1.2.8. Tecnologías Open-Source

Así como el protocolo Open Flow, las tecnologías SDN forman parte de esta categoría que se define como las herramientas de software de código abierto, las cuales también incluyen los controladores como Ryu, OpenDaylight, Pox y otros más.

1.2.9. Virtualización

Aunque este concepto suele ser confundido con SDN, en realidad es una extensión que incluyen las SDN para manejo e integración con otras redes, debido a que la virtualización las segmenta dentro de una red que actúa como contenedor.

1.2.10. Modelo de superposición

Cada red virtual se está ejecutando sobre el hardware establecido, es por esto por lo que crea túneles canalizados hacia centros de datos tanto remotos como locales para asignar el respectivo ancho de banda y distribuir los dispositivos en cada canal creado.

1.2.11. Modelo hibrido

Es la combinación de una red convencional con una SDN, dada su escalabilidad y versatilidad, las SDN permiten trabajar muy sencillamente con otros componentes que dinamizan el entorno de red sobre el que se esté trabajando.

1.3. SDN en comparación con redes tradicionales.

Las SDN dan la posibilidad de simplificar procesos, como el del mantenimiento, además, su flexibilidad abre posibilidades para escalabilidad y mejoramiento en el tráfico de datos. Un concepto de interés aquí es la virtualización de funciones de red, las cuales son un conjunto de funciones que los ISPs utilizan para el traslado de servicios, esto a fin de que los servicios puedan ser puestos a disposición casi que en tiempo real o que la red pueda ser escalada sin importar los cambios que se le realicen a la infraestructura virtual… y hablando de escalabilidad, SDN también soporta y es adaptable al creciente cambio tecnológico que trae nuevas tecnologías como IoT y Edge Computing maximizando su beneficio debido a la facilidad de transferencia de datos.

Entre otros beneficios de SDN, se tiene la gestión y visibilidad de la red: al haber un controlador centralizado que recoge toda la información de los dispositivos que forman parte de la red, quien administra tiene la posibilidad de modificar y distribuir políticas de red a cada dispositivo de una manera sencilla y óptima al no tener que modificar cada dispositivo por separado, a su vez, potenciando la seguridad, ya que al tener visión centralizada de todo lo que ocurre en la red, y una arquitectura bien separada y definida es más sencillo detectar y controlar amenazas, también, virtualizando recursos físicos, lo que al final termina por resumirse en innovación tecnológica en redes.

1.4. Controlador Ryu:

Ryu se define como un marco de trabajo en red definido por software con arquitectura basada en componentes, proporcionando así, componentes de software con APIs bien definidas que les dan a los desarrolladores mucha facilidad de uso en cuanto a la creación de sistemas para gestionar y controlar redes. Este tiene la capacidad de soportar multiplicidad de protocolos para la gestión de dispositivos, entre los que se destacan Open Flow en sus versiones 1.0, 1.2, 1.3, 1.4, 1.5 y Nicira, también Netconf, Of-config, entre otros más…

Entre otros aspectos, RYU proporciona APIs de alto nivel que permiten una simplificación en la interacción con las redes, así, ya no es necesario invertir tiempo en mirar los detalles de cada protocolo, esto proporciona una mayor extensibilidad a las aplicaciones, es decir, cada aplicación puede ser integrada como un simple modulo más (en código Python). Su arquitectura posee tres divisiones: el controlador principal que gestiona los canales de comunicación entre las aplicaciones y las redes; las aplicaciones como tal, que consisten en cada módulo que implementa lógica para la red (balanceo de carga, firewall, routing…); y las bibliotecas que proveen las funcionalidades y utilidades que se requieren para el desarrollo de aplicaciones SDN.

Además de la escritura en código Python, la flexibilidad y extensibilidad, RYU tiene características que lo hacen muy especial en cuanto a su uso, el cual también dependerá de la situación en la que se quiera utilizar SDN. Entre estas ventajas se puede encontrar soporte que cuenta con documentación completa, comunidad de desarrollo activa, de fácil aprendizaje (por su escritura en código Python), entre otras más.

1.5. Calidad de servicios (QoS) en redes WiFi.

La calidad de servicios es un componente que cualquier red debe tener para garantizar un buen rendimiento y seguridad en los datos y su integridad que se encuentran viajando a través de dicha red. De manera más general, QoS es un conjunto de herramientas y técnicas que se utilizan para mejorar el rendimiento de la red, ya sea por priorización de tráfico o asignación de recursos (Hayden, 2018), esto, teniendo en cuenta ciertos elementos que juegan un papel importante en el tráfico de paquetes como:

Rendimiento: la unidad de velocidad del canal de la red, en otros términos, el volumen de datos que puede ser transferido en una unidad de tiempo expresado en bits por segundo (bps)

Ancho de banda: aunque este concepto tiene similitud con en anterior, en términos más precisos, el ancho de banda consiste en la capacidad de conexión o amplitud del canal y suele expresarse en Hertz (Hz), aunque pueden encontrarse casos en los que se denota por megabits por segundo (Mbps).

Latencia o retraso (ping): es la medida mediante la cual se mide qué tanto tarda un paquete en llegar a su destino y responder, o el tiempo de ida y vuelta, y es expresado en milisegundos (ms).

Jitter: en complemento con la anterior, la fluctuación de fase proporciona la variación de tiempo que hay entre el tiempo de llegada de un paquete y otro, y es expresado en milisegundos (ms).

Tasa de perdida de paquetes: es la cantidad de paquetes en (%) que se pierden durante las transmisiones en la red, generalmente por fenómenos como exceso de colas o errores en el proceso de redireccionamiento.

Según Fortinet, 2023; de las técnicas y algoritmos usados para mejorar la QoS en redes WiFi se tienen las siguientes:

Reserva de recursos: Protocolo de reserva de recursos (RSVP) es un protocolo integrado a la capa de transporte que como su nombre lo indica, reserva recursos a través de la red para permitir separar los recursos, definir topes, garantizar el ancho de banda… para prestarle un mejor servicio a los clientes.

Cola de espera: dar trato preferencial a los paquetes mediante estrategias como asignación de niveles de prioridad para que cuando un paquete llega a un conmutador o a un enrutador, si hay paquetes en la cola y el valor de prioridad del paquete recién llegado supera al de los demás, estos se almacenan en la memoria dedicada del hardware hasta que el paquete de prioridad más alta haya sido enviado, de esta manera, se garantiza que dicho paquete pueda ser transferido por el canal sin riesgo de que se dañe o se pierda, por ejemplo, los ISPs pueden priorizar el flujo de audio y video (o VoIP) por sobre los paquetes de solicitudes de consulta a un servidor.

Marcador de tráfico: así como en la estrategia anterior, si se detectan aplicaciones con prioridad superior, este tráfico debe ser marcado mediante clase de servicios (CoS), añadiendo un encabezado de trama de capa 2 y punto de código de servicios diferenciados (DSCP), el cual añade una marca al encabezado del paquete de capa 3.

Priorización de tráfico VoIP: ante el problema de la congestión en las redes, cada dispositivo de red tiene unas capacidades que, si son sobrepasadas, los paquetes empezaran a caerse por no poder ser procesados a tiempo, esto es un problema que afecta gravemente al tráfico de datos VoIP, por lo cual, al requerir total estabilidad, este tipo de tráfico es clasificado y priorizado por niveles según sea el tipo y el destino.

1.6. Balanceo de carga y su importancia en redes WiFi.

El balanceo de carga en general es una técnica que permite la distribución equitativa o justa de una carga de paquetes entre dos o más dispositivos de red para optimizar rendimiento, confiabilidad, y capacidad de red para servidores y recursos virtuales. ¿de qué manera? Cada balanceador maneja las solicitudes entrantes, una vez es recibida, se comprueba el servidor que está en línea y disponible para enrutarle dicha solicitud; para el cado de cargas pesadas o congestión, el balanceador asigna dinámicamente las peticiones a los servidores para optimizar en los picos de tráfico (AXESS, 2023).

Dicho esto, la importancia de los balanceadores de carga en las redes radica en el hecho de garantizar factores como escalabilidad de la red, hacerla mucho más eficiente, reducir los tiempos de inactividad, mitigar fallas y posibles fallas mediante predicciones, y mejorar la seguridad, ya que estos añaden una capa adicional a fin de evitar problemas como DoS (ataque por denegación de servicios). Algunos de los algoritmos utilizados en el balanceo de carga son Round Robin o Least Connections, de los que veremos algunos más a continuación:

Round Robin: mediante el nombre de dominio (DNS), va distribuyendo el tráfico en orden sucesivo, es decir, recorriendo todos los servidores en orden de secuencia proporcionando uno por cada respuesta.

Turno rotativo ponderado: a los servidores que pueden manejar más tráfico, evidentemente se les asignará más, en la medida de que un administrador le asigna un peso a cada servidor para así mantener las cargas acordes a la capacidad de cada servidor (dicha ponderación se incluye en los registros del DNS).

Least Connection: este algoritmo balanceador dinámico permite distribuir las cargas a los servidores que tengan las menores cantidades de conexiones abiertas.

Tiempo de respuesta ponderado: basado en los promedios de tiempos de respuesta de cada servidor y su cantidad de conexiones abiertas para determinar el más optimo que pueda recibir carga adicional a la que tenga, caracterizado por su rapidez y agilidad.

Si bien las SDN son una gran solución a los problemas que enfrentan las redes tradicionales, su adopción aun es un desafío por superar debido a la gradual integración que tiene a pesar de sus beneficios. A todo esto, y como muchas investigaciones lo han mencionado, las SDN tienen problemas que reducen su capacidad operativa como lo es la sobrecarga de la red, lo que a su vez deriva en otros problemas como perdida de paquetes, elevados tiempos de espera o constantes atrasos por mala optimización de recursos tanto físicos como virtuales.

Dicho esto, muchos estudios se han enfocado en crear estrategias que soluciones estos problemas, terminando, por ejemplo, en los muy conocidos balanceadores de carga, los cuales son programas de software (algoritmos) que actúan como agentes de control tomando decisiones sobre el tráfico que pasa por el controlador, los servidores y todos los dispositivos de red de la infraestructura física y virtual. Entonces, para este caso, estos balanceadores de carga que ya están creados se combinarán con el creciente concepto de Inteligencia Artificial a fin de lograr una solución más optima adaptada al contexto de las nuevas tecnologías.

Detallando un poco más el tema, inteligencia artificial es la tecnología que permite que las computadoras simulen la inteligencia humana y sus capacidades de resolución de problemas independiente o combinada con tecnologías como sensores o robótica (IBM, 2023); o también, puede definirse de manera más científica como el campo técnico-científico dedicado al sistema de ingeniería que genera resultados como contenido, previsiones, recomendaciones o decisiones para un conjunto de objetivos definidos humanamente (ISO, 2022), y es por esto último que su integración al entorno de SDN genera una gran ventaja operativa, tomando en cuenta la versatilidad de estas redes, su escalabilidad y flexibilidad, al integrar sus balanceadores de carga con algoritmos de aprendizaje automático, se garantiza una mayor efectividad en los resultados, tal y como lo demuestran investigaciones como las mencionadas en puntos posteriores.

1.7. Algoritmos de aprendizaje supervisado.

Continuando con el tema, al mirar un poco la manera en que operan estos algoritmos, se puede notar que el proceso que siguen es similar al de la inteligencia humana, pues, aunque no es automática realmente, hay que entrenar los modelos con gran cantidad de datos reales y tener mucha paciencia si las cosas no salen a la primera… con base a ello, el resultado de ese proceso de aprendizaje serán predicciones, decisiones o conclusiones muy acertadas sobre temas o acciones determinadas… todo esto mediante métodos o algoritmos como (IDT, 2023):

Clasificación: método para el reconocimiento de patrones, etiquetado, clasificación de datos por categorización mediante reconocimiento de imágenes, texto o señales, en esta categoría se incluyen algoritmos como K-vecinos más cercanos o KNN y las máquinas de soporte vectorial o SVM.

Regresión: para predicción de valores con continuidad que se basan en datos previos, encontrando patrones en dichos datos y generar funciones para predicciones futuras. Regresión lineal a arboles de decisión (DT) son de esta clase.

Agrupamiento: para encontrar grupos o clústeres en conjuntos de datos sin etiquetar buscando similitudes y diferencias para categorizarlos o agruparlos en clústeres. K-Means es el algoritmo que mejor representa esta categoría.

Redes neuronales artificiales: basadas en la arquitectura del cerebro humano, cada neurona artificial (perceptrón) procesa la información y la transmite por medio de conexiones ponderadas hasta llevar a su destino la decisión final. Muy usadas en reconocimiento de voz, procesamiento de imágenes y análisis de datos.

Procesamiento del lenguaje natural: que permiten el entendimiento y procesamiento de lenguaje humano natural por parte de las maquinas. Traductores automáticos, análisis de sentimientos, asistentes virtuales son aplicaciones de este tipo de algoritmos representados por modelo Transformers y redes neuronales recurrentes.

Aprendizaje reforzado: para el entrenamiento de las maquinas en la toma de decisiones basadas en retroalimentación del entorno, apoyado en el lema recompensa/penalización, la maquina aprende del camino a maximizar recompensas mediante interacción con el entorno. Q-Learning es un algoritmo de esta clase.

Algoritmos genéticos: para la búsqueda de solución óptima u optimización, mediante técnicas como selección natural, reproducción y mutación se seleccionan los individuos que mejor se adaptan a las condiciones, tendiendo a converger hacia la solución óptima y descartando los clones o sujetos que mutan o se desvían del camino, muy usados en planificación de rutas o diseño de sistemas complejos.

Capítulo 2

2. Trabajos relacionados

Dada la importancia e implicaciones tan considerables que se pueden ver alrededor de esta temática, a continuación, se mencionan estudios tanto teóricos como prácticos que han contribuido con diversos tipos de soluciones, estudiando y aplicando patrones con relación al objetivo planteado en este proyecto de investigación, resaltando aspectos clave que aportan valor al desarrollo de esta propuesta:

Análisis de algoritmos balanceadores de carga utilizando máquinas virtuales para la optimización de tiempo y recursos en servidores web (González Sarabia, 2023):

Este estudio presenta una investigación de tipo experimental en la que se realiza el análisis y evaluación de los diversos algoritmos de balanceo de carga en redes wifi mediante máquinas virtuales, se realiza la evaluación de algoritmos como Round Robin, Weighted Round Robin, Least Connection y Random con la finalidad de comprobar cuál de todos ellos presenta un mejor rendimiento en cuanto a consumo de recursos físicos y virtuales (tiempo de respuesta). Y posterior a la evaluación, determina que Least Connection es el óptimo de todos, presentando mejores resultados en cuanto al balanceo de carga de manera más equitativa.

Clasificación de tráfico y equilibrio de carga en un entorno SDN (Gopal, K. et. al, 2023):

Esta investigación se enfoca en determinar un algoritmo de Machine Learning adecuado que permita la clasificación de tráfico en un entorno SDN basándose en el controlador RYU, resaltando la importancia de la clasificación y distribución de paquetes para una buena calidad de servicio, además, señala que la mayoría de los algoritmos balanceadores de carga no consideran el tipo de trafico de paquetes, lo que reduce en gran medida su potencial. Por otra parte, el estudio concluye que acorde a evaluaciones exhaustivas, DT o Árbol de Decisión es el algoritmo que mejor resultados genera, ayudando así a lograr una máxima distribución optima y una buena calidad del servicio de la red.

Load balancing using SDN methodology (Journal, I. J. E. R. T. 2018):

Destacando el hecho de que los clientes actuales realizan operaciones que generan muchos volúmenes de datos, lo cual genera mucho tráfico, aclara que para un buen rendimiento, son necesarios varios servidores de red a los que los balanceadores de carga puedan redistribuir el contenido clasificado o procesado, haciendo énfasis en que los balanceadores de carga tradicionales de los ISP se vuelven ineficientes, ya que no son programables debido a que ellos son incapaces de crear sus propios algoritmos, y aquí, proponiendo como solución definitiva a SDN por no necesitar de hardware dedicado y ser muy versátil, para este caso, apoyado en el controlador Foodlight y mininet como entorno de trabajo.

Distributed controller load balancing using artificial bee colony optimization in an SDN (Sridevi, K., & Saifulla, M. A. 2023):

Las SDN son una solución muy versátil y alternativa eficiente a la ineficiencia de las redes convencionales, sin embargo, como lo señala esta investigación, las soluciones para balanceo de carga suelen enfocarse en un único controlador principal, lo que, según los autores, a largo plazo realmente no se equilibra la carga, si no que se evita la sobrecarga. Debido a esto, se propone una solución similar, pero con la clave de que se aplica un algoritmo de colonia de abejas para la distribución en un controlador de carga pesada a uno de carga baja que fuese adecuado mediante el controlador RYU y mininet como emulador de redes, es decir, lograr una disminución en la variación de las cargas entre los controladores de una SDN distribuida y así solucionar ciertos problemas de las SDN convencionales.

Artificial Intelligence based load balancing in SDN: A comprehensive survey (Alhilali, A., Montazerolghaem, A. 2023):

Un enfoque de arquitectura bien definido, plano de aplicación, plano de control y plano de datos es un paso importante para una buena gestión de las redes. Este proyecto también destaca la versatilidad de las SDN sobre las redes convencionales al proporcionar un mayor detalle y monitorización del tráfico así como topologías flexibles… y el esfuerzo de los desarrolladores por materializar soluciones para abordar el problema del desequilibrio de carga, y la seria consideración que adaptar dichas soluciones a la modernidad incluyéndoles inteligencia artificial para mejores resultados, obteniendo así mejor uso de recursos de red y rendimiento, enfatizando claves como el uso de protocolos Open Flow para garantizar separación de capas, evaluación Open Flow de balanceadores de carga, etc. También resalta enfoques de IA aplicados a balanceo de carga en SDN como Optimización por enjambre de partículas y colonia de hormigas y el concepto de virtualización de funciones de red en un estudio previo (Gebremariam, 2019).

Load Balancing in DCN Servers Through Software Defined Network Machine Learning (Gulbakhram, B., Zhidebayeba, A., et, al, 2024):

Utilización subóptima, tráfico impredecible, congestión en la red y cuellos de botella son problemas que destaca esta investigación, y como solución propone un nuevo marco que integra Machine Learning a la capacidad programable y flexible de las SDN en arquitectura multicapa en servidores de centros de datos o DCN. Dicha solución esa soportada en el uso de modelos de ML entrenados con datos sustanciales que se aplican a la arquitectura de la red para anticipar congestión y así lograr un mejor ajuste dinámico de los paquetes que viajan por la red, y de esta manera, equilibrar la carga que pasa a través de los servidores, y que en conclusión, resulto tener más efectividad sobre los métodos de balanceo de carga tradicionales en el entorno SDN, demostrando así la efectividad que genera la inclusión de aprendizaje automático a las tecnologías de SDN.

Optimal controller selection and migration in large scale software defined networks for next generation internet of

things (Shahzad, M., Liu, L., Belkout, N., & Antonopoulos, N. 2023):

Tomando en cuenta que, en la actualidad, los dispositivos conectados a internet de las cosas son muchos, y es algo que se está normalizando en los hogares de cada cliente, lo cual implica un flujo de ordenes en red que supone una carga pesada para los controladores de la red a la que se conectan. Con base a lo anterior, este estudio se enfoca en la optimización necesaria para lograr que la sobrecarga de los controladores sea lo más mínima posible.

Aplicación para balanceo de carga en SDN (Olaya, M. E., Bernal, I., & Mejía, D. 2016):

Haciendo énfasis en los problemas ya mencionados en investigaciones anteriores, este articulo plantea una solución al balanceo de carga en servidores web utilizando una SDN, el controlador RYU, protocolo Open Flow, Mininet y algoritmos balanceadores de carga basados en FIFO (First In, First Out), Round Robin y Déficit Round Robin. Esta aplicación, aunque no contempla el concepto de incluir algoritmos de aprendizaje automático, si evalúa estos tres algoritmos de planificación de procesos en la distribución de los paquetes como métodos de optimización a nivel de cliente, es decir, la lógica de balanceo se aplica a las peticiones de los clientes hacia los servidores, dado que se trata de un entorno web, una de las metas es que los controladores solo reciban un único tipo de peticiones, de esta manera, se reduce la carga del controlador al evitar procesar, decodificar o reempaquetar mensajes para los clientes o servidores. Esta misma lógica es la que se complementa con los demás casos, es decir, distribuir las cargas evitando procesamientos innecesarios para minimizar la latencia de la red.

Load Balancing model based on Machine Learning and Segment Routing in SDN (Todorov, D., Valchanov, H., & Aleksieva, V. 2020):

Como lo menciona este estudio, el problema de las SDN es el balanceo de carga y también el enrutamiento de segmentos, por lo que la solución propuesta aquí es, con apoyo de la inteligencia artificial, desarrollar un modelo que permita además de reducir a carga global de la red, minimizar el ancho de banda y mejorar el sistema de enrutamiento combinando un algoritmo de enrutamiento por segmentos y algoritmos balanceadores de carga basados en aprendizaje automático. Un punto que resalta este estudio es el uso de métodos balanceadores de carga normales o estáticos, los cuales son los que utilizan la mayoría e soluciones que se han propuesto; con base a ello esta investigación se enfocó al uso de algoritmos balanceadores dinámicos como Dynamic Load balance Algotithm, evaluación difusa y QoS-aware Adaptive Routing, los cuales operan distribuyendo respecto a datos sobre el estado de la red, criticando que ninguno de ellos pueda predecir si el tráfico aumentara o disminuirá y que el costo de red entre la comunicación entre el controlador y los hosts resulta muy alta. He aquí que la solución propuesta se enfoca en el algoritmo de colonia de hormigas para clasificar el camino más corto (optimo) y los servidores más adecuados o disponibilidad mayor para la recepción de mensajes combinando un algoritmo de enrutamiento por segmentos y mecanismos de balanceo de carga basados en el ML con el objetivo principal de investigar cual es el modelo de aprendizaje automático más compatible para el equilibrio de carga de la red y minimizar el tráfico de red entre el controlador y los dispositivos de red.

A predictive load balancing technique for software defined networked cloud services (W., Puthal, D., & Ranjan, R. et, al. 2019):

Esta investigación resalta que, a pesar del auge de Open Flow, los controladores existentes proporcionados por los proveedores de controladores Open Flow siguen funcionando al estilo antiguo, es decir, "sondear los controladores por cada conexión entrante", lo que provoca retraso y mayor latencia en la red. El objetivo que destaca este estudio es diseñar e implementar algoritmos balanceadores de carga personalizados en redes SDN en sus conmutadores o enrutadores con un algoritmo predictivo como redes neuronales y K-Means que permita variar dinámicamente el rango de la máscara comodín usada (mascara de subred invertida); la meta es que sea posible utilizar el balanceador en servicio real para aplicar y verificar sus resultados aplicándolo a su vez en el entorno de la nube. Posterior a ello, evaluando sus resultados en comparación con otros métodos aplicados, concluyendo que el algoritmo de K-Means es muy usado en clasificación de tráfico por su precisión y uso optimo, el método propuesto además de reducir retardos mejoró el proceso de balanceo de carga aplicado en el entorno de la nube.

A Load Balancing Strategy for SDN Controller based on Distributed Decision (Zhou, Y., Zhu, M., et, al. M. 2014):

Como ya se ha venido mencionando, las SDN son un enfoque de

redes que se ha convertido en muchos casos, en la mejor alternativa para los problemas que enfrentan las redes convencionales, sin embargo, como lo resalta esta investigación, las SDN tienen ciertos problemas que le niegan la posibilidad de sacarles todo su potencial de la manera más eficiente posible, y, entre estos problemas está el balanceo de carga y los controladores centralizados, los cuales pueden dificultar la escalabilidad y disponibilidad de dicha red. En respuesta a esto, se aporta una solución tipo algoritmo dinámico-adaptativo por controlador, es decir, el algoritmo permite a cada controlador de la red, administrar la carga recibida: recopilando datos de las cargas que maneja, y, acorde a un umbral, tomando decisiones sobre a qué switch enviar paquetes para así balancear su respectiva carga.

Optimization Algorithms in SDN, Routing, Load Balancing, and Delay Optimization (Maria Daniela, Ovidiu Păscuţoiu, et, al. 2024):

Algoritmos tradicionales como RIP, OSPF, Vector Distancia, estado del enlace; algoritmos heurísticos como enjambre de partículas, colonia de hormigas, algoritmos de inteligencia artificial y aprendizaje automático, y balanceadores de carga como Round Robin, Least Connection y equilibrio de carga ponderado y dinámico son muchas de las técnicas que se aplican en el campo de la solución de problemas al balanceo de carga y el enrutamiento en las SDN. Como lo aclara este estudio, estos algoritmos son implementados, personalizados y comparados con ayuda de máquinas virtuales a fin de seleccionar los que mejor rendimiento aporten para implementarlos en redes de producción a futuro, y además recomienda algoritmos heurísticos para problemas complejos de optimización, ya que ofrecen soluciones rápidas y buenas; optimización de latencia específicamente para minimización de latencia y aplicaciones realtime, y, equilibrio de carga para manejo optimo uniforme del tráfico, evitar cuellos de botella y optimizar el uso de recursos.

Machine Learning Based Traffic Classification in Software-Defined Networks (Serag, R. H., Hussein Abd El, et, al. 2024):

Apuntando a las nuevas tendencias, este estudio se enfoca en la combinación de SDN con Machine Learning como fuertes para mejorar la calidad del servicio de las redes, además, se enfoca también en la clasificación de tráfico con algoritmos de ML haciendo énfasis en la superioridad que brinda frente a los típicos algoritmos de balanceo de carga existentes, y otro punto de interés que destaca, es la capacidad del ML para mejorar la seguridad de dichas redes poniendo en puntos a futuro los posibles problemas de escalabilidad y rendimiento a gran escala. De los algoritmos que se mencionan en este estudio están los no supervisados como maximización de expectativas (estimación de parámetros), preentrenamiento, SVM transductiva (mejorar precisión, y optimizar el umbral de decisión) y métodos de grafos; los supervisados como arboles de decisión, Random Forest, SVM (o también SVC), Naive Balles y KNN, y por último el aprendizaje por refuerzo para la gestión de SDN.

En este sentido se comprende entonces, que la necesidad de crear una solución que ayude a las personas a optimizar sus cargas en red es muy importante, sobre todo en este mundo de constante crecimiento poblacional, en donde la cifra de usuarios de internet no ha parado de crecer y ya casi dos tercios de los habitantes del planeta están conectados a la red actualmente. Solo en 2022, creció en 337 millones con respecto al año anterior. Sin embargo, a pesar de que la cobertura y el acceso a esta tecnología aun no es equitativo en todo el mundo (Fernández, R. 2023), se estima un total de aproximadamente 16.700 millones de dispositivos conectados a la red en todo el mundo. Evidenciando así, la inminente prisa y necesidad por diseñar mejores tecnologías que se adapten a las demandas crecientes de la población.

Ahora bien, por todo lo dicho anteriormente es resulta clave recordar que esta investigación propuso implementar un balanceador de carga combinado con algunas de las técnicas tales como algoritmos de Machine Learning y calidad de servicios, por lo que, en capítulos posteriores se presenta una guía de instalación/configuración de un entorno de trabajo y un ejemplo práctico del algoritmo implementado.

Capítulo 3

3. Preparación del entorno de trabajo

Como se ha mencionado en ocasiones anteriores, el controlador Ryu está escrito en Python, y también podemos decir que, este controlador se presentó como una opción para romper los paradigmas tradicionales de los controladores SDN a modo simplificado, es decir, aunque cuenta con un conjunto básico de programas que se ejecutan como plataforma, Ryu puede contemplarse como un paquete de herramientas que da la posibilidad de construir las funcionalidades de un controlador SDN tradicional. Su arquitectura basada en componentes (ver Figura 2) proporciona componentes de software con API bien definidas que facilitan a los desarrolladores la creación de aplicaciones de gestión y control de redes.

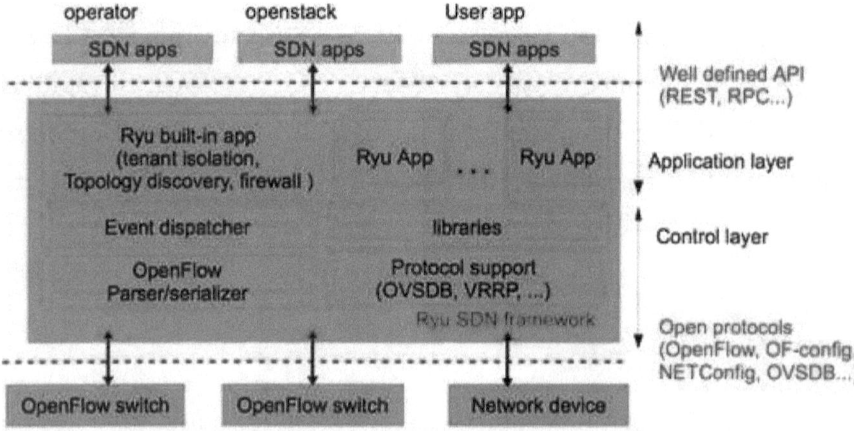

Figura 2. Arquitectura del controlador Ryu. tomado de https://aptira.com/wp-content/uploads/2019/07/ryu_framework-e1564368431547.jpg

A continuación, prosigue la instalación y configuración de nuestro entorno de trabajo, a lo cual usaremos la herramienta de creación de máquinas virtuales VirtualBox de Oracle dada su facilidad de uso. Esta herramienta la debemos descargar preferiblemente desde la

https://www.virtualbox.org/

página oficial de Oracle que se puede consultar en el siguiente enlace:

Una vez dentro de la página solo se hace clic sobre el botón "**Download**" mostrado en la Figura 3, el cual aparece a primera vista en dicha página:

Figura 3. Menú de instalación en la web de VirtualBox. Tomado de https://www.virtualbox.org/

Una vez hecho clic el usuario será redirigido a la página de descargas, en la cual se debe seleccionar la opción "**Windows host**" dando clic sobre esta, como se señala en la Figura 4:

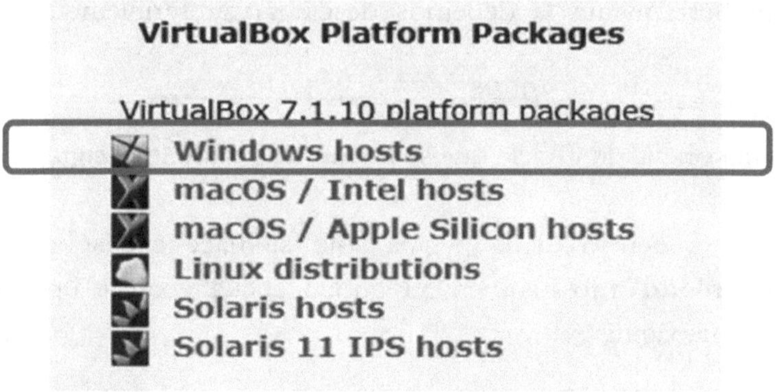

Figura 4. Opción de descarga del instalador de Windows. Tomado de https://www.virtualbox.org/wiki/Downloads

Como próximo paso, se iniciará la descarga del instalador, el cual se debe ejecutar una vez se haya completado dicha descarga, entonces, se abrirá la siguiente ventana en la que se debe seguir el paso a paso como se indicará a continuación (ver Figura 5).

Figura 5. Inicio del instalador de VirtualBox

Lo siguiente es pulsar el botón "**Next >**" o "**Siguiente >**" si está en español, lo cual llevará a la siguiente ventana en donde se deben aceptar los términos y condiciones para poder continuar con el proceso de instalación. Posterior se presiona el botón "**Next >**", (ver Figura 6).

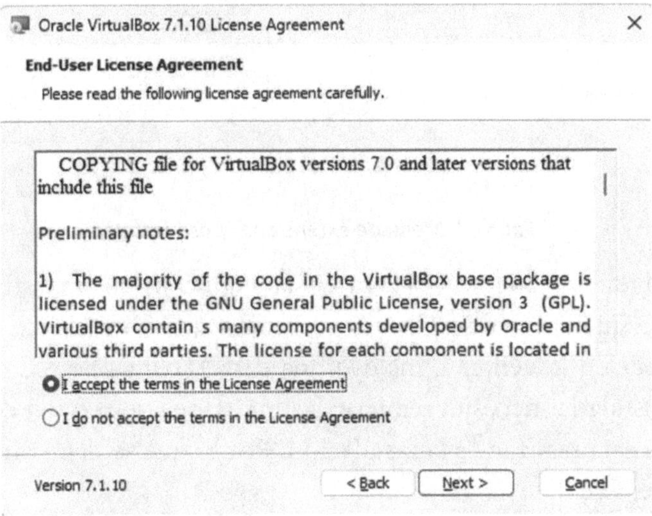

Figura 6. Términos y condiciones de VirtualBox

La siguiente ventana que se muestra en la Figura 7 corresponde a las extensiones que se incluirán en la instalación. Además, se observa una opción para cambiar la ruta de instalación de VirtualBox, esto queda a opción del usuario si desea modificarla.

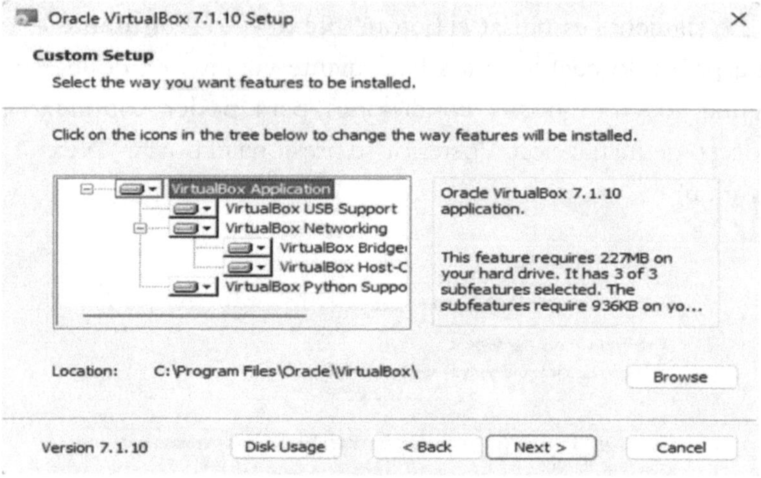

Figura 7. Menú de extensiones para instalar

Lo siguiente que se observa en la Figura 8, en una advertencia sobre las interfaces de red, esto se debe a que VirtualBox, como se puede leer en la ventana, incluye una característica de red que, para poder instalarla, necesita reiniciar las interfaces de red del equipo en el que se está realizando la instalación. Por lo que se debe presionar el botón de "**Yes**"

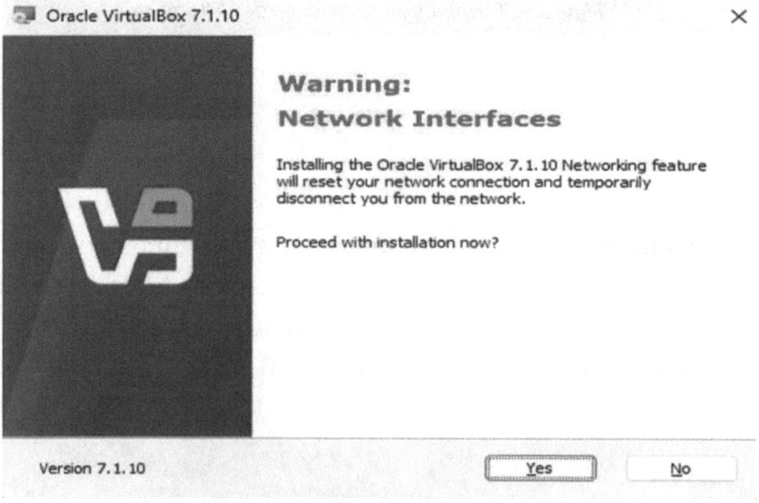

Figura 8. Menú de reinicio de interfaces de red locales

El siguiente paso puede ser opcional si ya se tienen instalaciones previas, pero como en este caso, la maquina local carece de algunas dependencias que VirtualBox requiere. Por lo que debemos aceptar la instalación; (ver Figura 9).

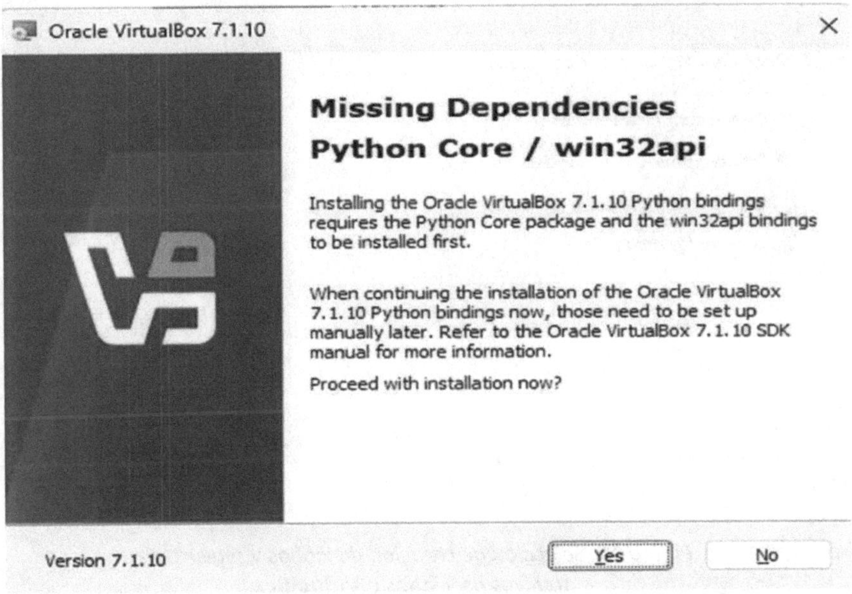

Figura 9. Advertencia de dependencias faltantes necesarias para VirtualBox

El paso siguiente es seleccionar si se quiere que el instalador añada iconos al escritorio, entradas de menú, atajos en la barra de tareas y registrar en el sistema los archivos asociados. En este caso solo se dejarán marcadas las opciones de registro de asociaciones y crear icono en el escritorio, como se puede ver en la Figura 10.

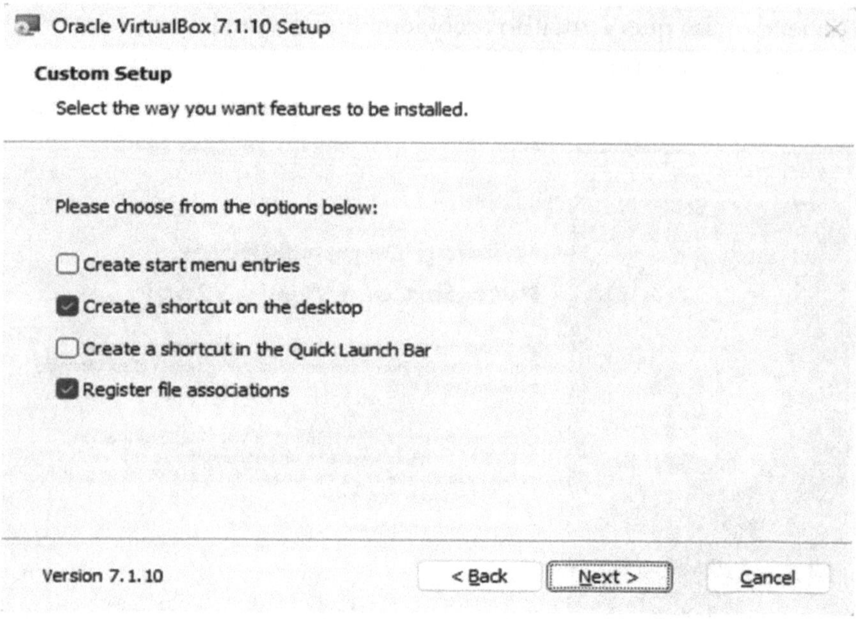

Figura 10. Selección de creación de iconos y registro de archivos asociados a VirtualBox

Con todo lo anterior completo, solo se debe dar clic en el botón "**Install**" para iniciar la instalación. (ver Figura 11).

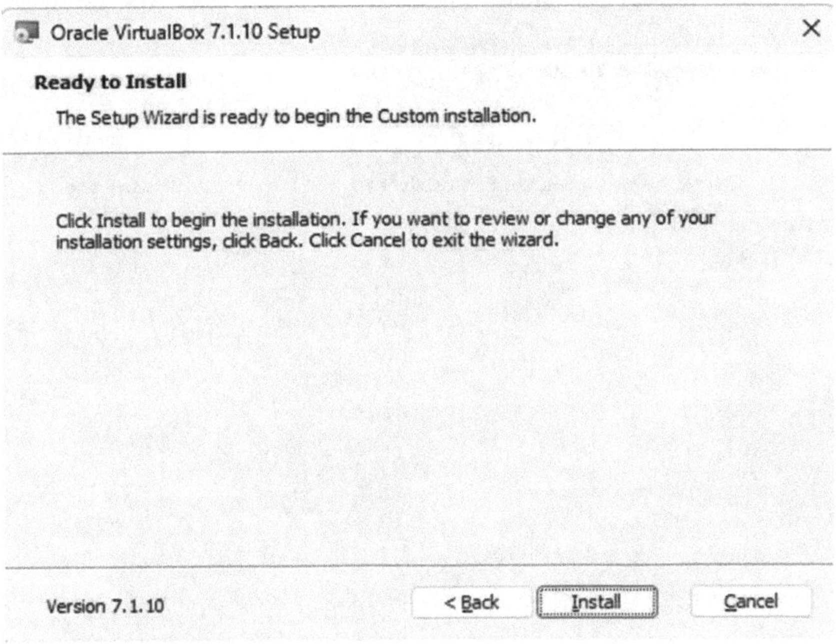

Figura 11. Terminada la configuración de instalación de VirtualBox. Iniciar la instalación

El proceso de instalación se realizará de manera automática. El tiempo dependerá de la velocidad de la conexión a internet si se requiere alguna descarga adicional, el tipo de disco y la carga de CPU de la maquina local. (ver Figura 12).

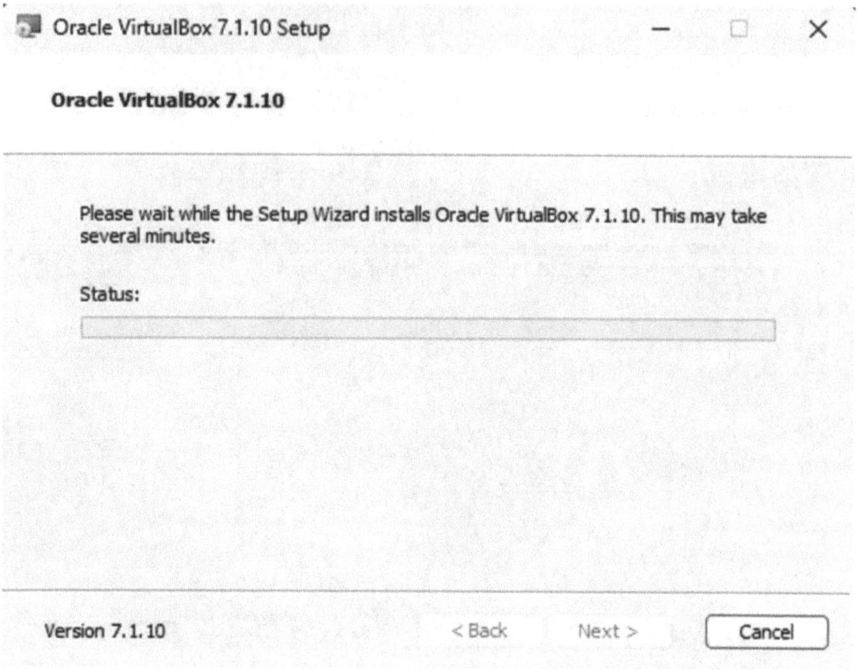

Figura 12. Progreso de instalación de VirtualBox

Una vez completada la instalación, se desplegará una ventana de instalación completa (ver Figura 13), aquí se deja marcada la casilla de iniciar VirtualBox y se presiona el botón "**Finish**" y se espera a que el programa instalado se inicie automáticamente para comprobar si realmente no hubo errores en la instalación.

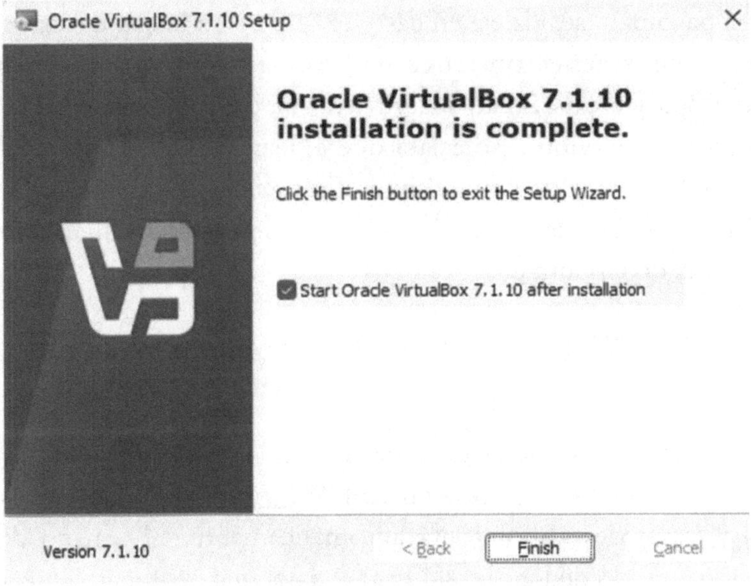

Figura 13. Instalación de VirtualBox completada

Con el programa ya iniciado, se puede proceder con la creación del entorno operativo en el que implementaremos todo el proceso de manejo del controlador Ryu y las topologías de red. (ver Figura 14).

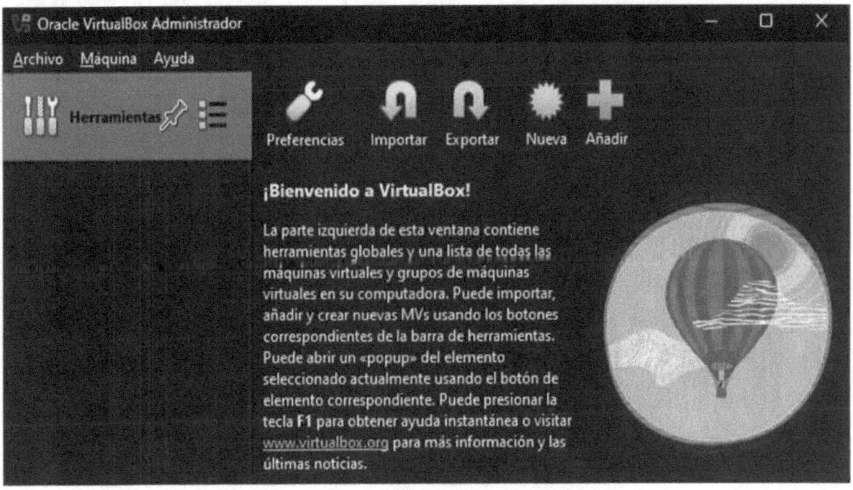

Figura 14. Software de VirtualBox instalado

El paso para seguir es, en caso de que no se tenga, descargar una imagen de sistema operativo en formato ISO para cargarlo a VirtualBox y crear la máquina virtual. Así pues, se debe ir al sitio de descargas de Ubuntu. (se aclara que el usuario puede usar cualquier imagen de sistema operativo Linux. En este caso de optó por Ubuntu 22.04 por su facilidad de uso). Para esto se puede consultar el sitio de descargas de Ubuntu en:

Ubuntu 22.04.5 LTS (Jammy Jellyfish)

En esta página solo se debe dar clic en la opción nombrada como (o dar clic sobre el siguiente enlace) "**64-bit PC (AMD64) desktop image**" y la descarga iniciará automáticamente. El tamaño de esta descarga es alrededor de 4,4 gigas, a lo que se recomienda tener paciencia y asegurarse de que la conexión a internet sea estable.

Con la imagen descargada, se procede a crear la máquina virtual. Para esto se sugiere seguir como se indica en las imágenes a continuación. Entonces, como se muestra en la imagen de la página anterior (Figura 14), se debe dar clic en el botón "**nueva**" y posteriormente se abrirá un menú para la creación de la máquina virtual.

Es preciso mencionar que, la interfaz gráfica es muy intuitiva, por lo que no se requiere ningún tipo de conocimiento experto en esta sección. Así pues, como que se puede observar en la Figura 15, se debe ingresar un nombre para la máquina, la ubicación del archivo predeterminada y el archivo ISO de Ubuntu previamente descargado, pero de momento digitaremos el nombre y seleccionaremos la ISO.

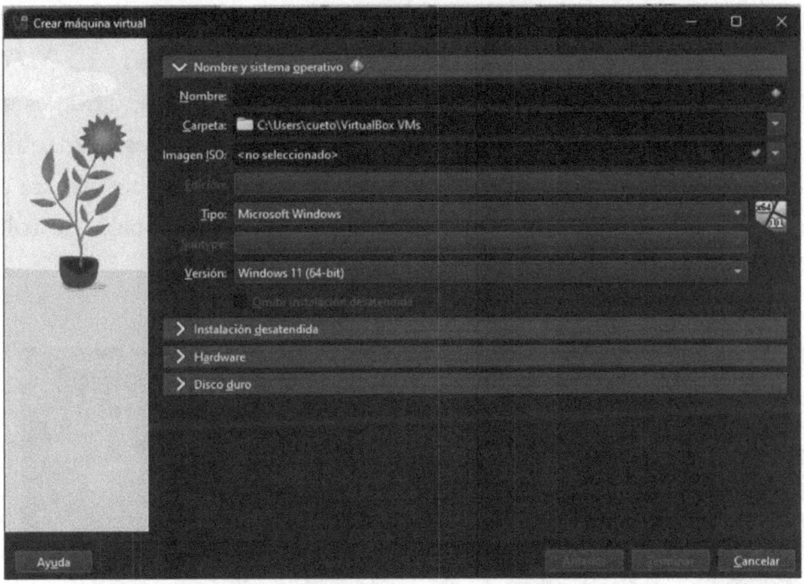

Figura 15. Configuración de los parámetros básicos para la creación de la máquina virtual

Con base a lo anterior, prosigue dar clic en el icono de menú desplegable ubicado en el campo "Imagen ISO". (ver Figura 16).

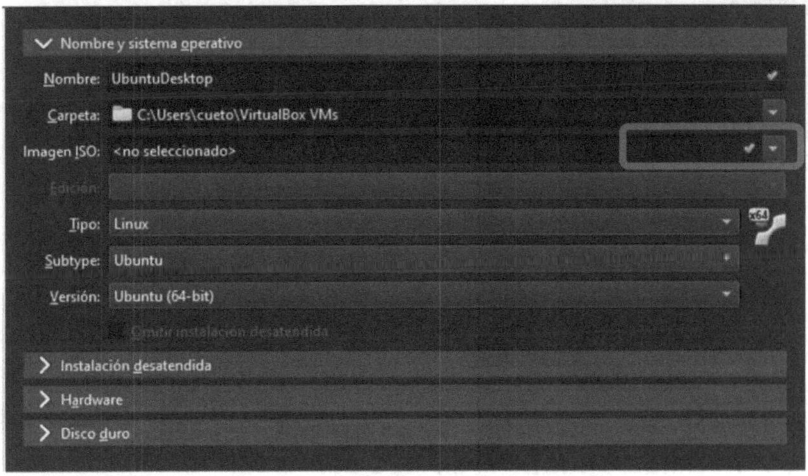

Figura 16. Primer paso de configuración de la máquina virtual

Asumiendo que no hay caché de instalación previo, y que esta es una instalación limpia de VirtualBox y que no se han creado máquinas virtuales antes, al hacer clic sobre el botón indicado de desplegará una lista con dos opciones, se deberá dar clic sobre la opción de folder "Otro" como se muestra en la Figura 17.

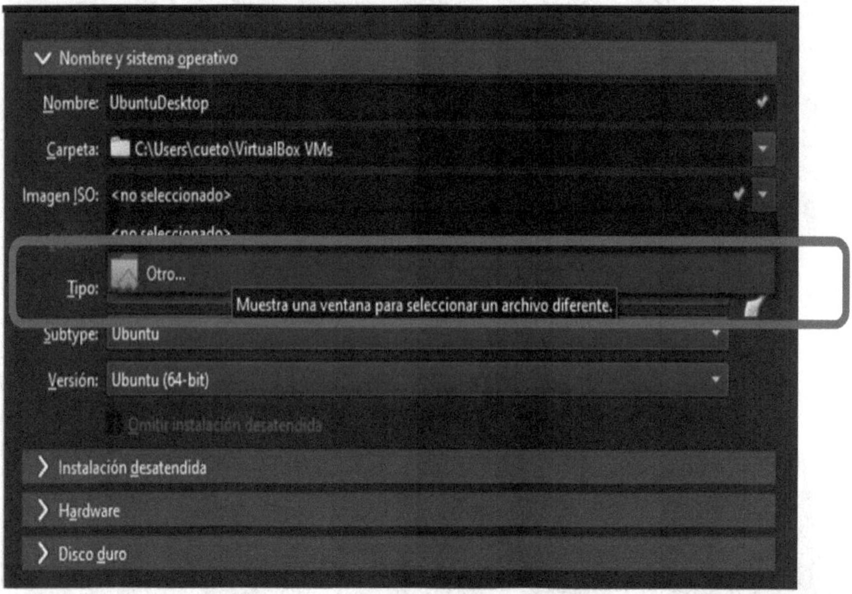

Figura 17. Proceso de selección de imagen ISO

Al ejecutar la acción indicada, se abrirá una ventana del explorador de archivos de Windows en la que se deberá buscar la ubicación del archivo ISO previamente descargado y seleccionarlo (o darle doble clic). Así como se puede ver en la Figura 18.

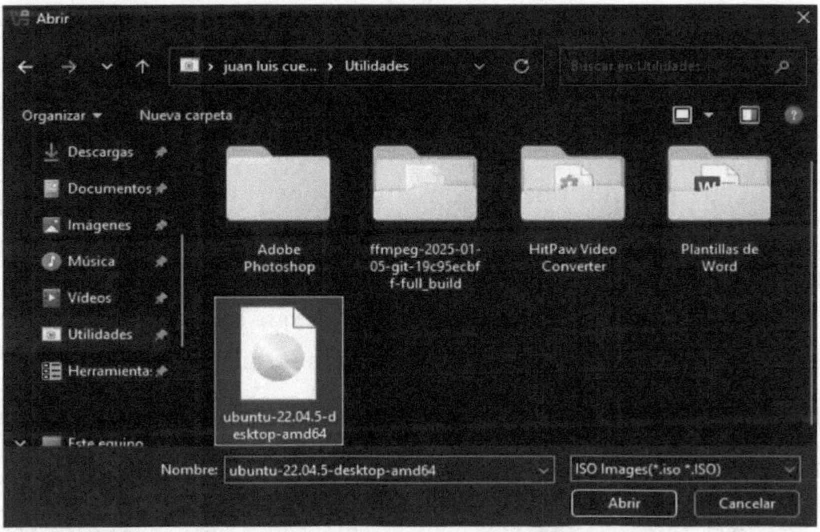

Figura 18. Ubicación del archivo ISO de Ubuntu

Con la imagen cargada, la configuración debería verse como se muestra en la Figura 19.

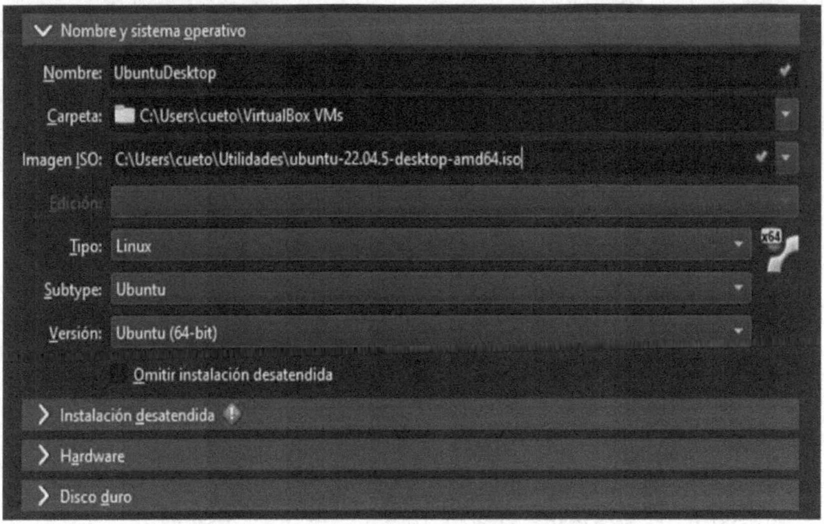

Figura 19. Primer paso de configuración completado

El siguiente paso es dar clic en apartado de “Instalación desatendida”, el cual se puede apreciar con un signo de advertencia, esto se debe a que es necesario rellenar campos obligatorios, contraseña en este caso. Para esta sección solo se requiere ingresar un nombre de usuario, una contraseña y volver a ingresar esa misma contraseña (el sistema lo requiere para garantizar que el valor es correcto y se recuerda). En este caso se usará el usuario “cueto” y la contraseña “12345”, estas credenciales serán las que se usará para iniciar sesión en el sistema cuando se haya instalado. (ver Figura 20).

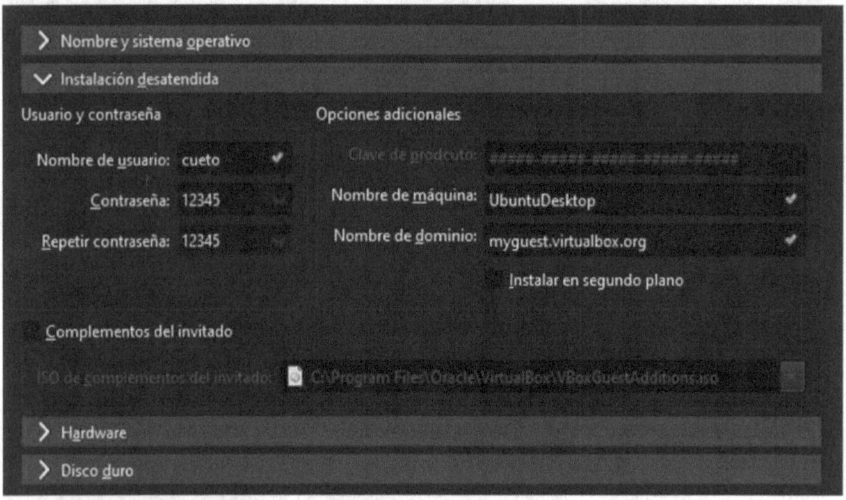

Figura 20. Configuración de usuario y contraseña del sistema a instalar

Para el siguiente paso, se sigue dar clic en la sección de “Hardware”, aquí, acorde a la cantidad de almacenamiento que tenga el disco duro del equipo, se debe asignar una cantidad de 25 gigas y una cantidad de CPU suficiente para la máquina virtual; Ubuntu suele trabajar bien en normalidad básica con 2 o 3 gigas de RAM y 2 CPUs, sin embargo si se desea añadir más de eso, el sistema muestra una franja verde en cada selector que indica la cantidad de recursos óptima para que el sistema operativo anfitrión no colapse o de haga inestable. (ver Figura 21).

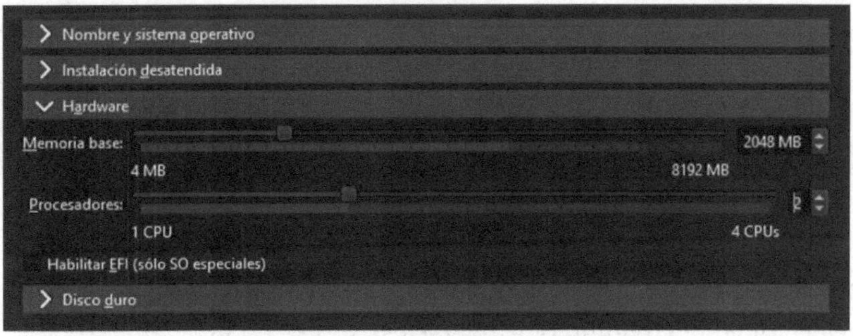

Figura 21. Asignación de memoria RAM y CPU a la máquina virtual

Finalmente queda asignar el tamaño de almacenamiento, para ello simplemente se debe ubicar en la sección "Disco duro" y fijar la slider en la cantidad deseada de almacenamiento en Gigas. Adicionalmente, el icono de folder visible permite cambiar la ubicación predeterminada donde será creada la imagen de disco duro virtual. Después de eso, solo resta dar clic en el botón "Terminar" (ver Figura 22). ***Esta acción iniciará la máquina virtual.***

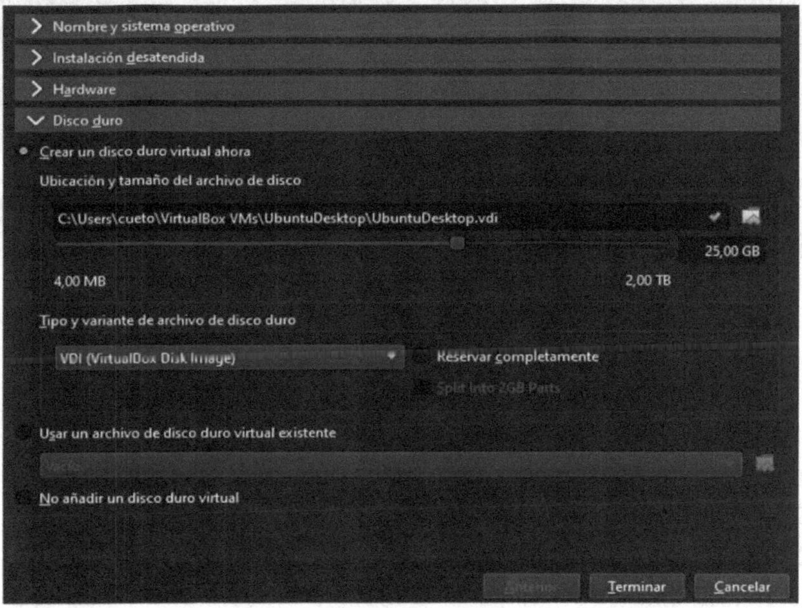

Figura 22. Selección de cantidad de disco duro para la VM

Dado que la máquina virtual se inicia automáticamente, se puede optar por cancelar el inicio cerrando la ventana emergente o dejar que el proceso de instalación del sistema se realice normalmente. En este caso se ha optado por cancelar el inicio del sistema, esto se hace con el fin de terminar de configurar algunos ajustes de la VM como se indicará a continuación. Primer paso, damos clic en la sección de configuración de la máquina virtual, y, si hay más de una se debe tener seleccionada la máquina virtual deseada. (ver Figura 23).

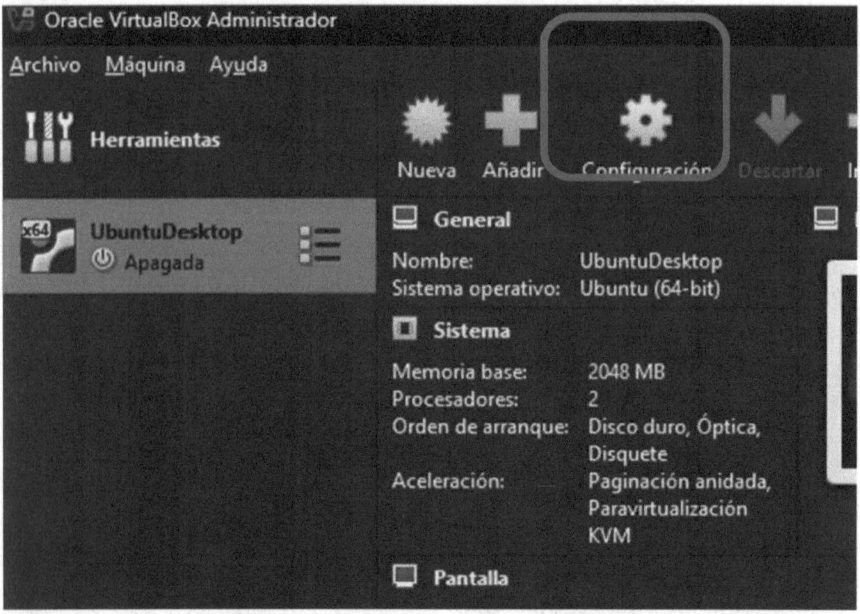

Figura 23. Selección de configuración adicional de la VM

Al hacerlo se abrirá una ventana emergente con varias secciones en donde se podrán modificar los ajustes base del sistema de la máquina virtual. Es importante mencionar que, como en este caso, al abortar el inicio de la máquina, es necesario reasignar la unidad ISO ya descargada. Por ello, se debe dirigir a la sección de "Almacenamiento" para hacer la reasignación como se muestra en la Figura 24.

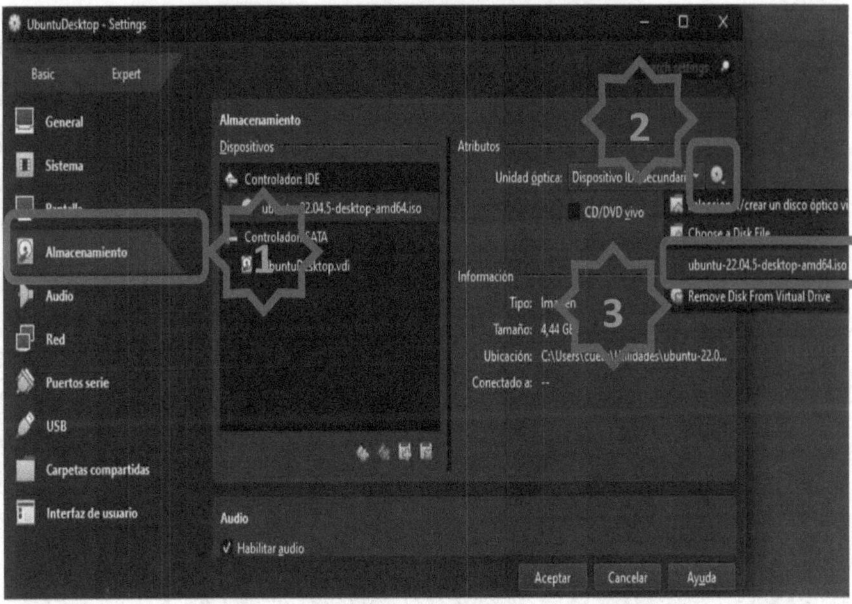

Figura 24. Proceso de reasignación de la imagen ISO

El siguiente paso es ubicarse en la sección de "Red" y configurar el adaptador de red como se muestra en la Figura 25. Inicialmente este se encuentra en modo NAT, por lo que debemos configurarlo en Adaptador puente (al hacerlo se seleccionará automáticamente la interfaz de red del dispositivo anfitrión que se esté usando, bien puede ser el adaptador de Wi-Fi o el de Ethernet).

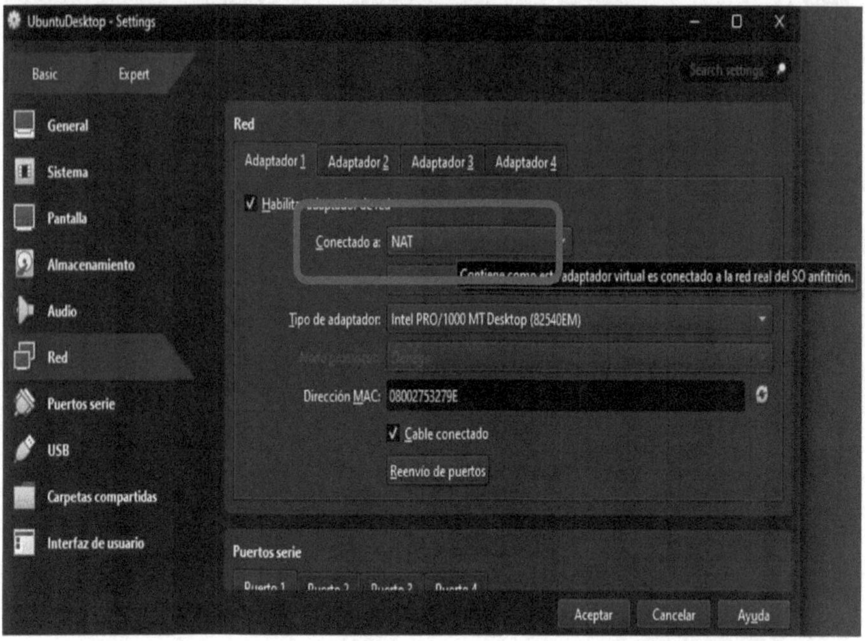

Figura 25. Menú de red de la VM

Ahora se debe dar clic en el selector de la opción "Conectado a:" y ubicar la selección de adaptador puente. (ver Figura 26).

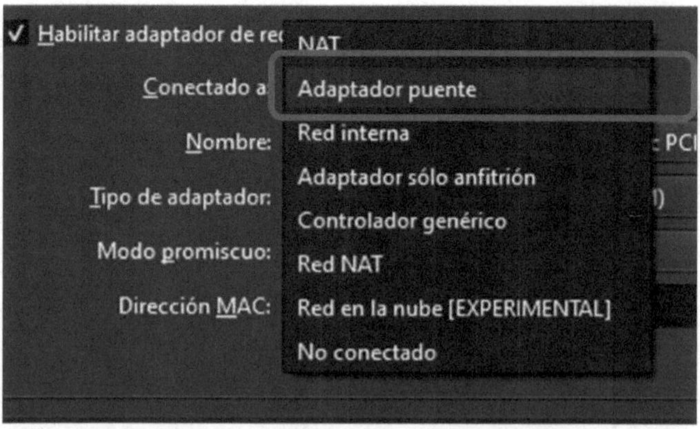

Figura 26. Selección de conexión tipo Adaptador puente

Una vez se haya dado clic en esa opción VirtualBox seleccionará el adaptador de red que proporcione conexión a internet, en este caso el de Wi-Fi: (ver Figura 27).

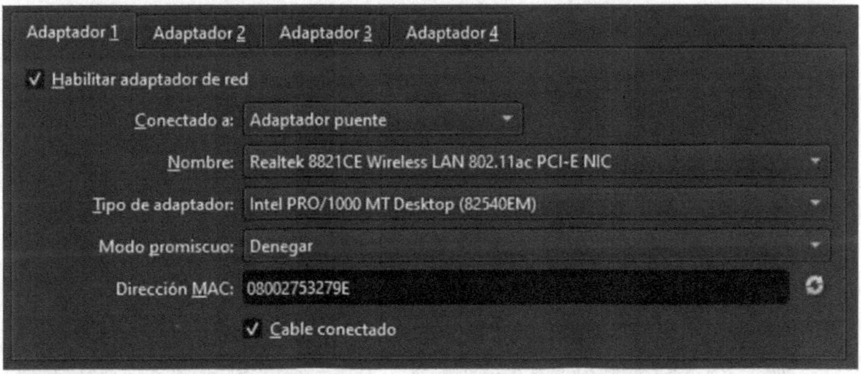

Figura 27. Adaptador puente seleccionado automáticamente

Con este paso se termina la configuración previa. Por lo que para aplicar los cambios solo es necesario dar clic en el botón "Aceptar" ubicado en la parte inferior derecha de la ventana de configuración. Ahora, ya se puede iniciar la máquina virtual una vez más con las nuevas configuraciones dando clic en el botón de flecha verde "Iniciar" ubicado en la línea del icono de configuración.

Se espera un momento mientras se inicia la máquina y después se abrirá el menú de instalación de Ubuntu (ver Figura 28), y una vez ahí se selecciona la opción de "Try or Install Ubuntu" con las flechas arriba y abajo del teclado (↑ o ↓) y después se da Intro (↩).

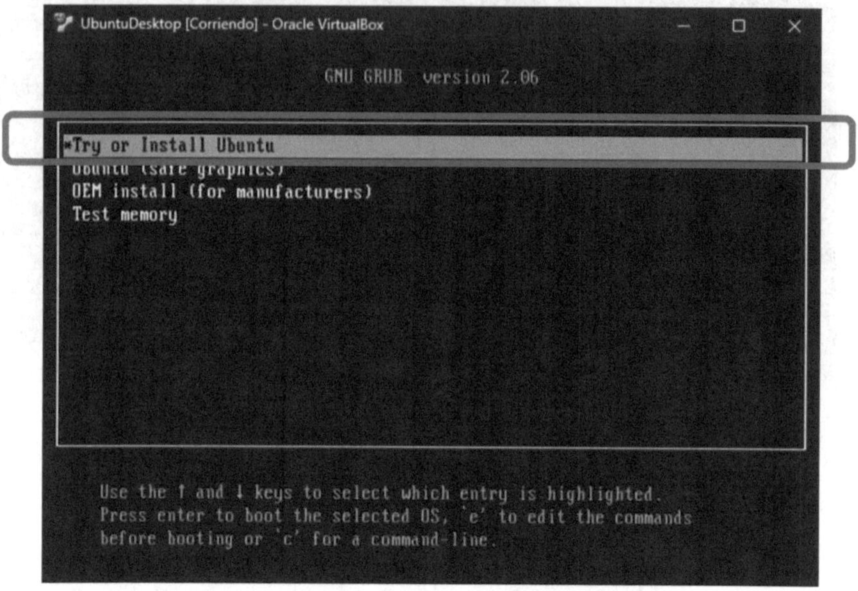

Figura 28. Menú de instalación del sistema Ubuntu

Al hacerlo, la pantalla se puede quedar en negro por un tiempo, y puede parecer que está detenido, pero en realidad está leyendo los datos de la ISO. Una vez termine este proceso, se abrirá una pantalla de carga que puede que se tome un tiempo, por ello es crucial manejar bien la cantidad de memoria RAM que se le asigne a la máquina. (ver Figura 29).

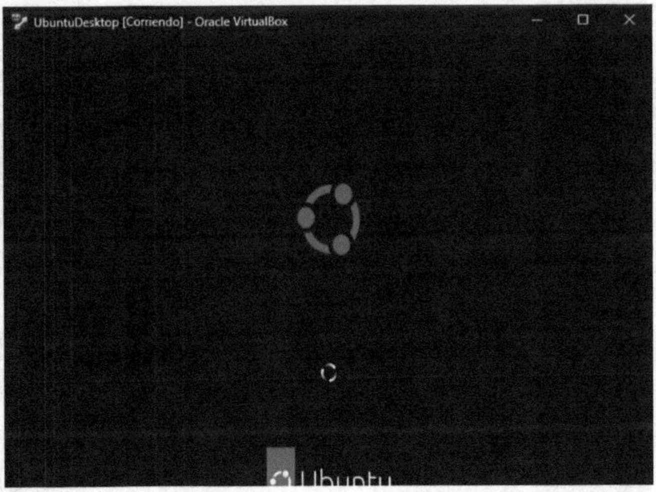

Figura 29. Pantalla de carga de Ubuntu en VirtualBox

Una vez la pantalla de carga finalice, se dará paso a un fondo de escritorio con el logo de Ubuntu 22.04 (una medusa con tendencia al cubismo), en este punto, es posible que también se tarde unos segundos antes de que se abra la ventana para seleccionar el idioma del sistema y escoger si se desea probar o instalar el sistema. A todo esto, se debe ubicar conforme a la imagen a continuación; asegurando seleccionar el idioma español y después dar clic en la opción "Instalar Ubuntu" como se observa en la Figura 30.

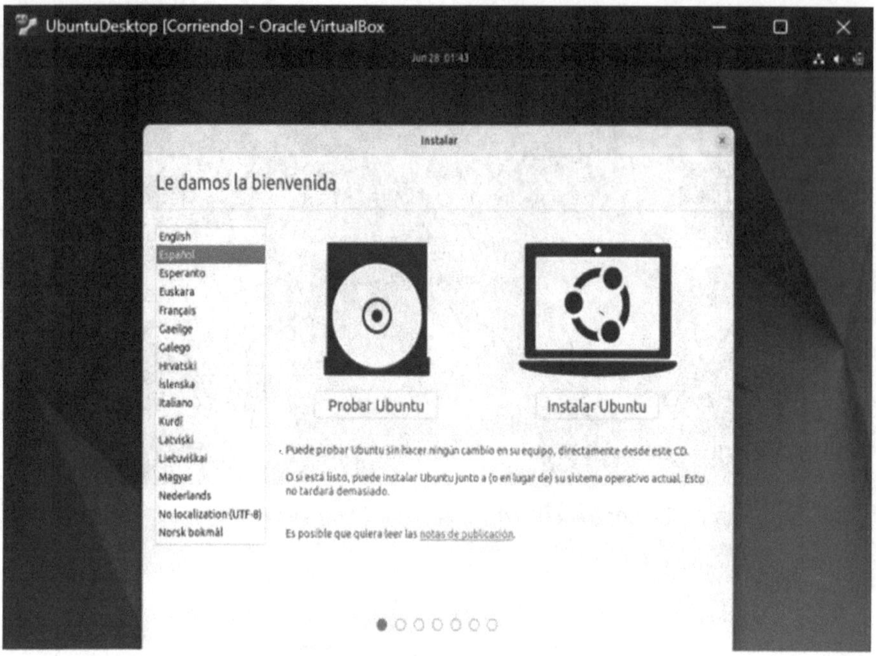

Figura 30. Guía de instalación de Ubuntu, paso 1

Una vez seleccionado la opción de "Instalar Ubuntu" lo siguiente será seleccionar el lenguaje que el sistema usará para interpretar la entrada del teclado, para ello simplemente en el panel derecho se selecciona el idioma, y en el panel izquierdo se selecciona la variante de ese mismo idioma que se quiera utilizar. En este caso se utilizará el idioma español y la variante Español Latinoamericano para ambos casos (ver Figura 31). Después de la selección, solo damos clic en el botón "Continuar" ubicado en la parte inferior. Esta acción redireccionará a la configuración de la instalación del sistema.

Figura 31. Menú de selección de idioma del teclado

En la nueva sección desplegada, se debe seleccionar el tipo de instalación, como lo indica la Figura 32, al seleccionar la opción de "Instalación normal" se instalarán todas las configuraciones normales de un sistema operativo tradicional. Adicionalmente de seleccionar la opción de "Descargar actualizaciones" para ahorrar tiempo después de que el sistema se haya instalado. Después se da clic en el botón de "Continuar"

Figura 32. Selección del tipo de instalación del sistema

A continuación, sigue seleccionar el método de instalación, para este paso, por defecto viene marcada una opción de "**Borrar disco e instalar Ubuntu**" esa opción debe dejarse seleccionada, ya que, al ser un disco duro virtual dedicado para este sistema, se hará uso completo de él, así pues, el sistema debe encargarse de borrar cualquier instalación y cache previo para evitar posibles errores a futuro. Como en este caso, se puede apreciar en la Figura 33, que ya existe una instalación previa de Ubuntu; esto es consecuencia de haber cancelado el arranque de la maquina mencionado anteriormente, por lo que se pude decir que se trata de una *instalación fantasma* de Ubuntu; dicho esto, se dejará seleccionada la opción de "**Eliminar Ubuntu 22.04.5 LTS y reinstalar**" y se dará clic en el botón Instalar ahora.

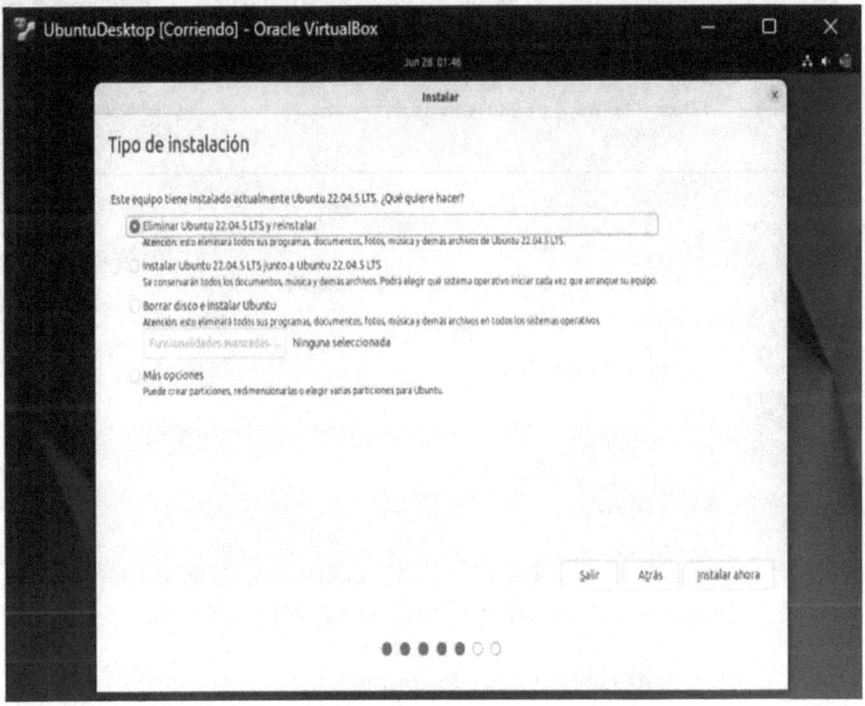

Figura 33. Selección del método de formateo de disco

Como se muestra en la Figura 34, al presionar el botón de "Instalar ahora" se muestra un aviso de borrado de particiones, esto es completamente normal, y se considera un paso importante en la instalación a razón de que el sistema internamente se encargará de crear las particiones necesarias y darle el respectivo formato a cada una. Acto seguido, se debe dar clic en el botón "Continuar" que se muestra en la ventana de aviso.

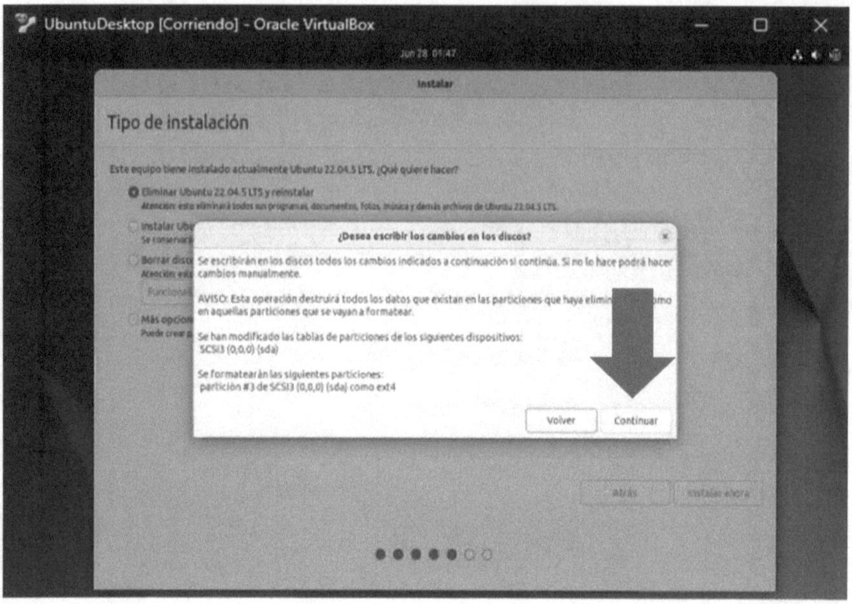

Figura 34. Confirmación de limpieza de disco para la instalación

A continuación, tras haber aceptado el paso anterior se mostrará un mapa en el que se deberá seleccionar el área del uso horario del país o región en donde se encuentre el usuario, o el que desee. Solo es necesario ubicar con el clic el marcador y presionar el botón "Continuar" (ver Figura 35).

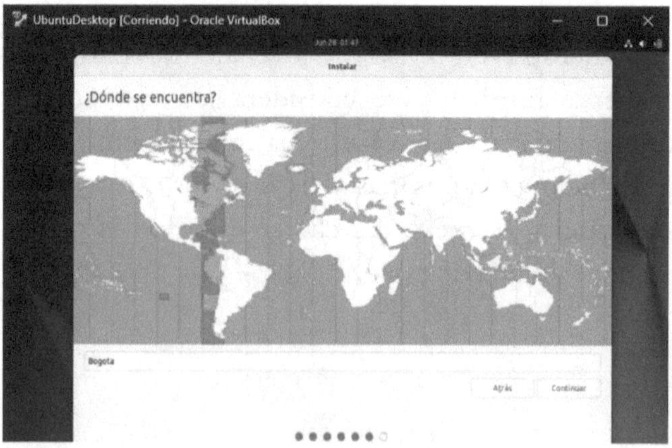

Figura 35. Selección de la zona horaria del sistema

Como último paso, se debe configurar el nombre del equipo y las credenciales que se usaran para iniciar la sesión cuando el sistema ya haya terminado la instalación. Este paso es sencillo, y solo es cuestión del usuario elegir los valores de cada campo; además, en este caso se dejará marcada la opción de "Iniciar sesión automáticamente" para evitar ingresar la contraseña cada vez que se reinicie la máquina como se puede ver en la Figura 36. Después se debe dar clic en el botón "Continuar".

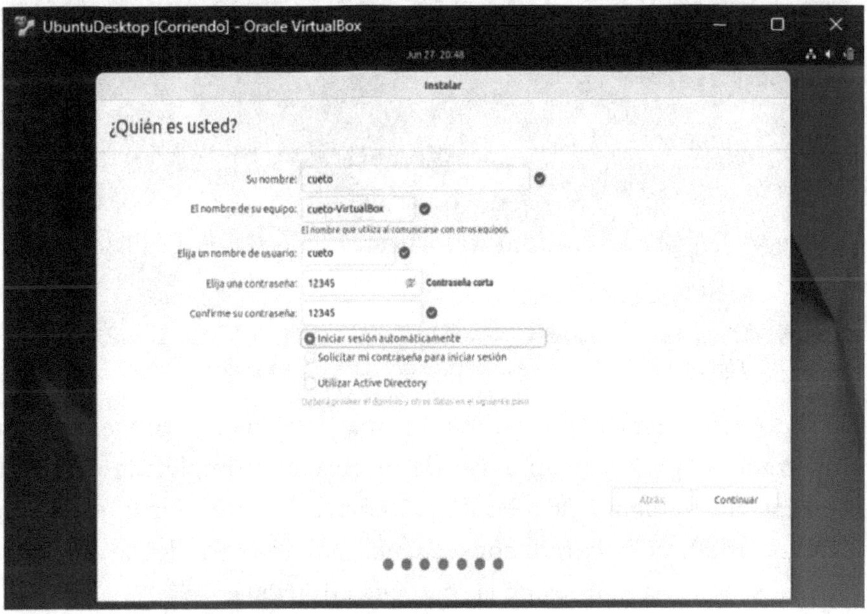

Figura 36. Registro de equipo y credenciales de acceso

Al presionar el botón "Continuar", se iniciará el proceso de impresión del sistema en el disco, este proceso se verá afectado por factores como la velocidad de la conexión a internet, la velocidad de lectura y escritura del disco, el tipo de disco y la velocidad del puerto al que se encuentre conectado dicha unidad (en este caso de habla de la unidad de disco duro del equipo donde se instaló VirtualBox).

Por tal motivo, es necesario ser paciente mientras finaliza el proceso de instalación. (ver Figura 37).

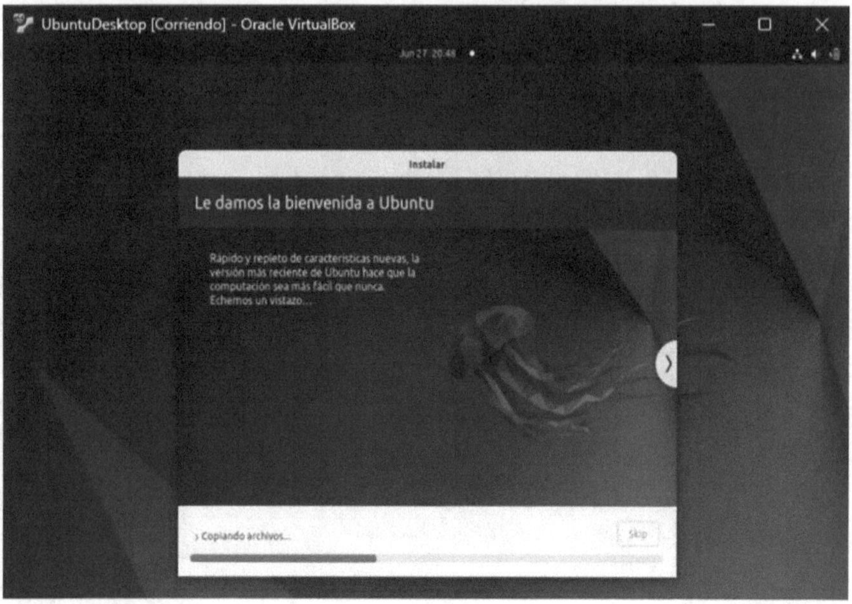

Figura 37. Progreso de escritura del sistema en el disco virtual

Tras completada la escritura, una vez dicho proceso haya finalizado se mostrará un aviso de instalación completada como se aprecia en la Figura 38. Aquí será obligatorio presionar el botón "Reiniciar ahora"; como consecuencia, el sistema de la máquina virtual se reiniciará, no el de la maquina anfitriona.

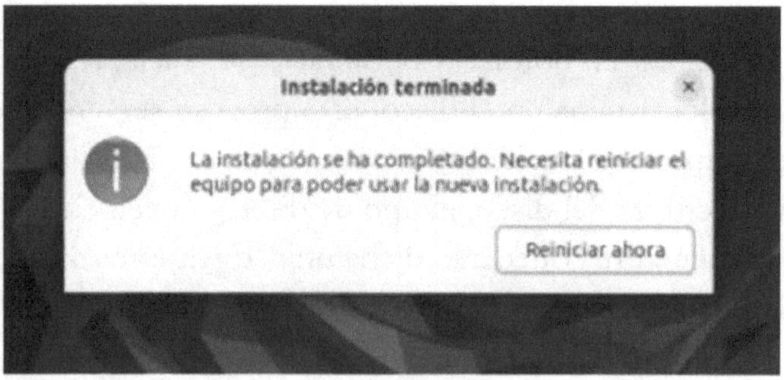

Figura 38. Aviso de instalación completada

Tras el reinicio, se mostrará una pantalla de carga en la que será necesario presionar el botón "Intro" para remover el archivo ISO de instalación y dejar solo el sistema instalado, esto permitirá que el sistema inicia normalmente. (ver Figura 38).

Figura 39. Remover el medio de instalación del sistema instalado

Y con este paso ejecutado, el sistema quedará listo para el uso que se le quiera dar. No obstante, es clave señalar que de acuerdo a la cantidad de recursos que se le hayan asignado, no se debe llevar al límite, esto sucede porque, al ser el sistema el que gestiona de manera automática las particiones, no se crea una partición de intercambio con suficiente espacio como para suplir una crisis moderada de falta de memoria RAM, es por ello que se debe tener cuidado con la cantidad de software adicional que se instala en dicha máquina, sin embargo, si se le ha asignado una cantidad de almacenamiento, CPU y RAM suficiente, esto puede que no represente un problema.

En conclusión, este paso cierra este capítulo y se prepara para la instalación de las herramientas de trabajo y las pruebas funcionales de la temática planteada. (ver Figura 40).

Figura 40. Sistema operativo Ubuntu 22.04 LTS instalado correctamente en VirtualBox

Capítulo 4

4. Instalación y configuración de Ryu

Se podría resumir a continuación, el hecho de que Ruy es un controlador SDN que puede definirse también como una caja de herramientas para construir un controlador, así como se ha mencionado anteriormente. Cabe mencionar entonces, que el uso que se le quiera dar dependerá del usuario que lo utilice.

Detallando y reutilizando lo mencionado anteriormente, Ryu, desarrollado por NTT, se define como un framework de código abierto; con el que se pueden implementar controladores SDN. Al ser escrito en Python, permite crear aplicaciones de red a medida. Ryu funciona como una capa centralizada, administrando dinámicamente la red comunicándose con dispositivos como switches mediante el protocolo Open Flow.

Su arquitectura modular presta apoyo a muchas versiones de Open Flow, desde 1.0 hasta 1.5, más extensiones como las de Nicira. De esta manera, los desarrolladores de aplicaciones SDN construyen una lógica más personalizada, como Learning Switch, routers, firewalls, balanceadores de carga, y hasta políticas de QoS. En cualquier caso, Ryu provee una API simple para interceptar y procesar eventos de red; apelando a un ejemplo, se tiene la llegada de paquetes y flujos a un switch SDN.

Una gran ventaja de este framework es su integración con tecnologías clásicas como SNMP, NETCONF y BGP; así mismo, gestiona redes híbridas. También, puede ser un speaker BGP controlando rutas IP, dándole flexibilidad en ambientes modernos o redes legadas. En otros términos, a nivel educativo e investigativo, Ryu es bien usado con simuladores tales como Mininet, a fin de experimentación con diversas topologías de red y escenarios; monitoreando métricas como el throughput, jitter o latencia.

En contraposición a lo anterior, se plantea que, uno de los principales límites que tiene, es que no cuenta con soporte nativo para alta disponibilidad o clustering; características que si tienen controladores como ONOS u OpenDaylight. Pero, aun así, su enfoque modular y minimalista lo hace una muy buena opción para prototipado, pruebas de laboratorio y desarrollo de nuevas funciones de red.

En resumen, Ryu es un framework sencillo de usar, con una curva de aprendizaje poco compleja, dinámico, escalable, entre otros aspectos más que hace posible abstraer la lógica de red desde un punto central mediante programación en Python, hecho que confiere un control sistémico sobre el plano de datos. Su facilidad de uso, extensibilidad y la documentación lo hacen una herramienta crucial para la implementación y experimentación en redes SDN.

Permítase ahora, conforme a la circunstancia, iniciar con el proceso de configuración e instalación de Ryu en la máquina virtual ya creada. Para ello será recomendable, si no se ha hecho, actualizar los índices de repositorios y los paquetes del sistema; para esto se debe ejecutar el comando:

```
sudo apt update && sudo apt upgrade
```

Puede que en la ejecución de cada comando se solicite ingresar una contraseña, dicha contraseña corresponde a la del usuario, y, además, puede que se solicite otra confirmación de tipo **[S/n]**, en este caso se debe ingresar la letra **S** mayúscula o minúscula; esto permitirá la descarga e instalación de los paquetes.

Después de ello, se debe crear una carpeta donde se alojarán todos los archivos que se utilicen para el proyecto con el comando:

```
mkdir test-ryu-app
```

Después de ejecutar el anterior comando se ejecuta el siguiente

```
cd test-ryu-app
```

para ubicarse dentro de la carpeta creada:

Los dos comandos anteriores se pueden ejecutar antes o después de realizar la actualización de los repositorios y paquetes ya mencionada. (ver Figura 41).

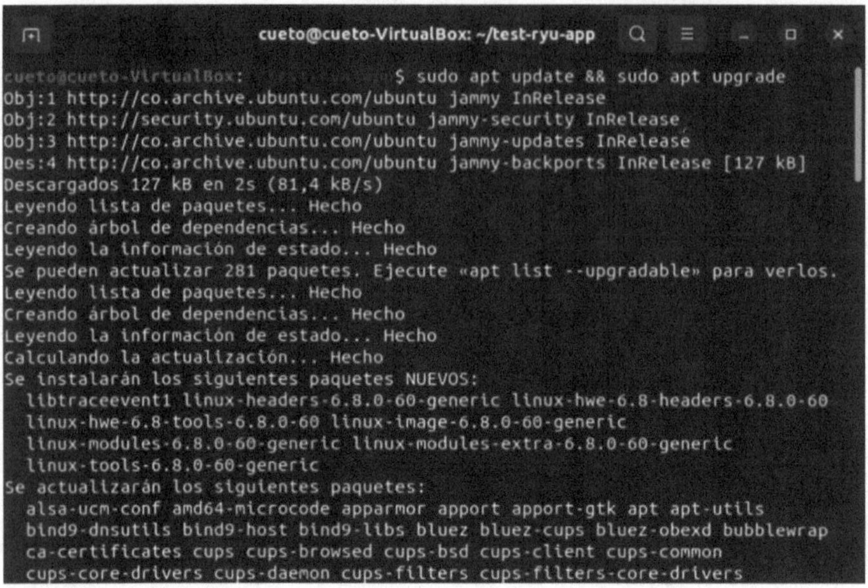

Figura 41. Actualización de repositorios y paquetes

Es importante mencionar que el proceso de actualización puede ser opcional, pero se recomienda encarecidamente hacerlo, ya que esto asegura que todos los índices estén disponibles al momento de instalar paquetes externos. Entonces, puede que el proceso de actualización tarde un tiempo considerable, todo dependerá de la velocidad de la conexión a internet.

Una vez completado, se deben instalar las propiedades de software adicionales para trabajar con repositorios de origen externo. Para esto se debe ejecutar el siguiente comando:

```
sudo apt install software-properties-common
```

Aquí se solicitará la contraseña del usuario, se debe ingresar y presionar la tecla Enter. (ver Figura 42).

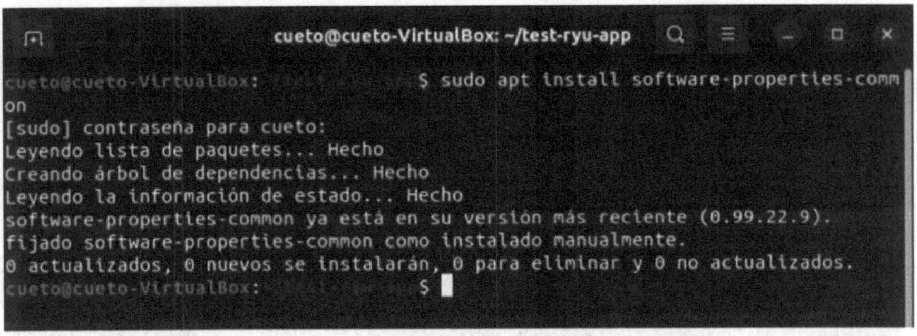

Figura 42. Instalación de las propiedades de software comunes

El controlador Ryu es un framework muy útil, como ya se ha mencionado. Sin embargo, a medida que Python ha lanzado nuevas versiones, se han venido presentando inconvenientes con la forma en la que interactúan los paquetes entre sí, es por ello por lo que, para evitar conflictos de librerías, se deberá utilizar la versión de Python 3.9 y la versión del paquete eventlet 0.30.2. para esto, antes se debe ejecutar el comando que habilitará el acceso al repositorio que contiene las versiones de Python para Ubuntu:

```
sudo add-apt-repository ppa:deadsnakes/ppa
```

Y a su vez se debe actualizar la lista de índices de repositorios del sistema una vez más.

```
sudo apt update
```

Se debería poder apreciar una salida como la de la Figura 43:

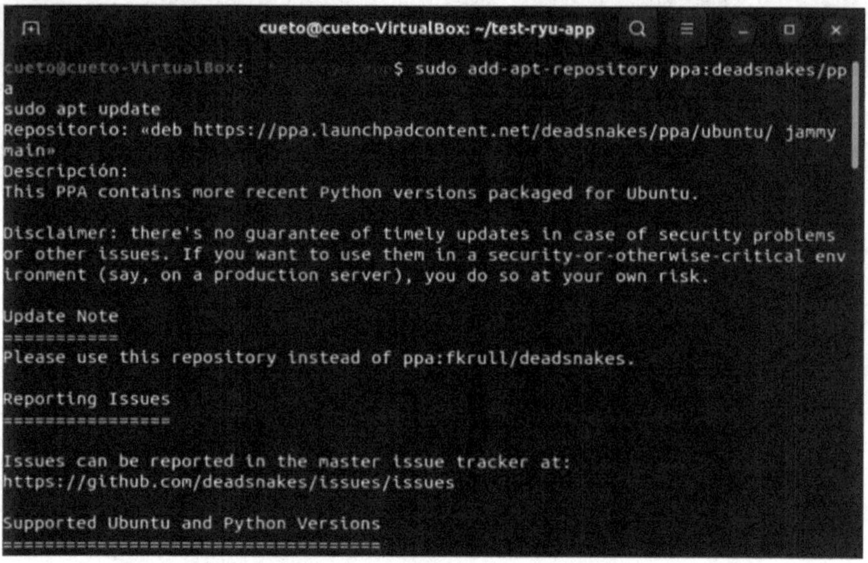

Figura 43. Adición del repositorio de versiones de Python para Ubuntu

Ahora ya resulta posible instalar Python 3.9 además de la herramienta *VirtualEnv* para la creación de entornos virtuales y sus respectivas dependencias de desarrollo. Para eso se ejecuta el siguiente comando:

```
sudo apt install python3.9 python3.9-venv python3.9-dev
```

Tras ejecutar este comando, solo resta esperar a que finalice la instalación, y una vez termine se debe crear un entorno virtual con Python 3.9 para asegurar compatibilidad de versiones y paquetes con el siguiente comando:

```
python3.9 -m venv venv-py39
```

Después de crear el entorno virtual, se espera unos segundos y cuando se habilite una vez más la entrada de la terminal, se debe activar el entorno virtual con el siguiente comando:

```
source venv-py39/bin/activate
```

En este paso no debería haber errores, y al activarse el entorno virtual ya creado, la línea de texto de la terminal se debería ver antecedida por la sentencia **(venv-py39)**. Dicho esto, se comprueba la versión de Python para asegurar que todo esté correcto con el siguiente comando:

```
python --version
```

Y este comando debería devolver una salida con un texto similar a "**Python 3.9.x**".

Ahora bien, con las herramientas necesarias ya instaladas, se puede proceder con la instalación de Ryu dentro del directorio de trabajo, resaltando que, todo será instalado dentro del entorno virtual, de esta manera siempre se evitará cualquier conflicto con otras versiones. Así que, en la terminal se ejecuta el siguiente comando:

```
pip install ryu eventlet==0.30.2
```

Este comando instalará Ryu y eventlet 0.30.2 (ver Figura 44).

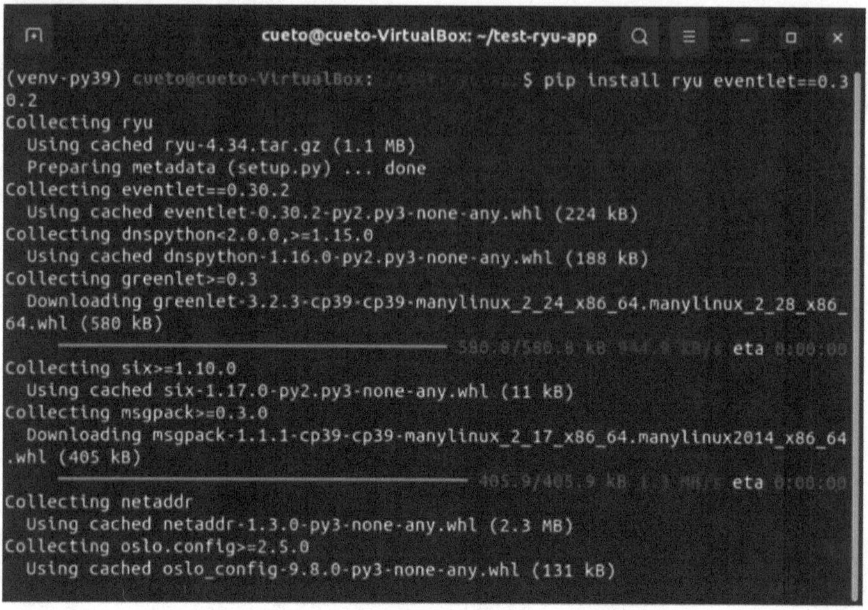

Figura 44. instalación de Ryu con eventlet versión 0.30.2

En este paso solo se debe asegurar que la conexión a internet sea estable y esperar a que la descarga e instalación finalice. Cuando lo haga, ya será posible comprobar la versión de Ryu que se ha instalado en el entorno virtual con el siguiente comando:

```
ryu-manager --version
```

Y se obtendrá una salida como la mostrada en la Figura 45:

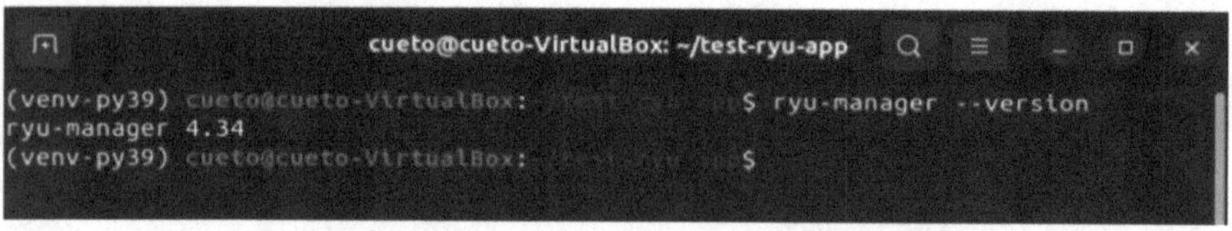

Figura 45. Versión de Ryu instalada en el entorno virtual

Y como último requisito, será necesario instalar el emulador y creador de redes virtuales de Mininet, el cual será el que permitirá crear redes virtuales personalizadas para poner en práctica el funcionamiento del controlador. Para esto se debe ejecutar el siguiente comando:

```
sudo apt install mininet
```

Y tras su instalación, solo será necesario ejecutar el comando "**mn -h**" para comprobar si Mininet se instaló correctamente en el sistema (ver Figura 46).

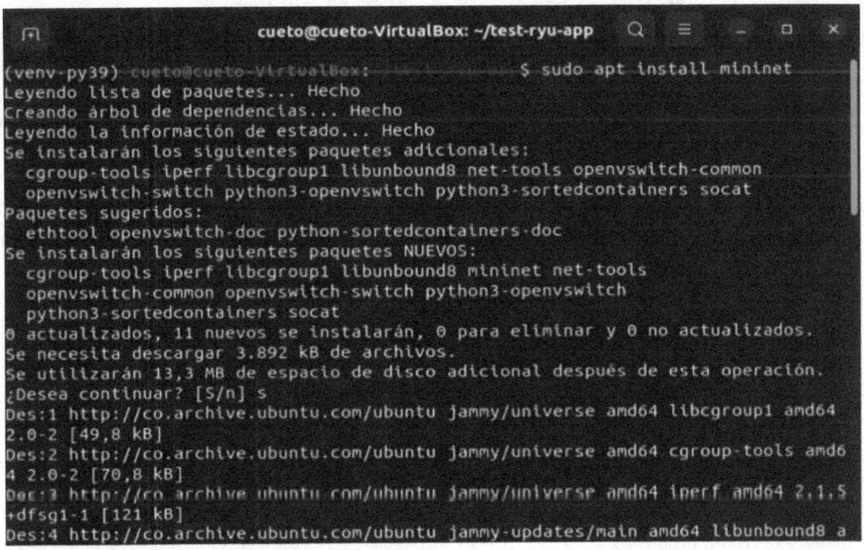

Figura 46. instalación de Mininet

Habiendo realizado la guía de instalación, se da por concluido este capítulo, por lo cual, en el capítulo siguiente se realizarán pruebas de uso y algunos ejemplos de topologías de red con Mininet.

Capítulo 5

5. Pruebas funcionales

El primer paso para utilizar Ryu es ejecutarlo, ¿Cómo?, en este caso, Ryu incluye unos módulos preconfigurados que servirán para hacer pruebas de flujos y evaluar el funcionamiento del controlador. Para ello, en la misma terminal donde se ha venido trabajando se puede ejecutar el siguiente comando que permitirá iniciar el servicio de este, así como se muestra en la Figura 47:

```
ryu-manager ryu.app.simple_switch_13
```

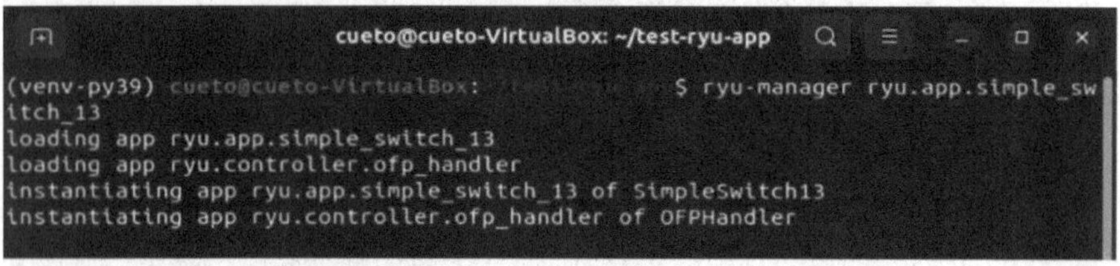

Figura 47. Iniciando el controlador Ryu

Este comando ejecuta el controlador preconfigurado de Ryu, y es a partir de este archivo que se podrán realizar todo tipo de personalizaciones para crear un controlador que gestione de manera más personalizada los switches de las topologías que se quieran crear. Así pues, se puede hacer lo mismo con mininet. Para ello, se creará un script de Python que cree una topología básica que se conecte a nuestro controlador.

```
from mininet.topo import Topo
from mininet.net import Mininet
from mininet.node import RemoteController,
OVSSwitch
from mininet.log import setLogLevel, info
from mininet.cli import CLI

class SimpleTopo(Topo):
    def build(self):
        h1 = self.addHost('h1')
        h2 = self.addHost('h2')

        s1 = self.addSwitch('s1', proto-
cols='OpenFlow13')

        self.addLink(h1, s1)
        self.addLink(h2, s1)

def run():
    topo = SimpleTopo()

    net = Mininet(topo=topo, switch=OVSS-
witch, controller=None)

  c0 = net.addController('c0', controller=Re-
moteController, ip='127.0.0.1', port=6653)

    net.start()
    info("Red iniciada\n")

    CLI(net)
    net.stop()
```

Este script creará una topología básica formada por un switch y dos clientes. Dicha topología estará conectada al controlador Ryu a través del puerto 6653 en la IP 127.0.0.1; para ello se debe abrir una nueva terminal y, preferiblemente ubicarse dentro del directorio que ya se había creado antes, ya ubicado, se ejecuta el comando ***nano simple_topo.py*** y en el editor se escribe el código anterior, se guarda con "Ctrl + O", se sale con "Ctrl + X" y se ejecuta el archivo creado con el siguiente comando (ver Figura 48):

```
sudo python3 simple_topo.py
```

Figura 48. Creación y ejecución de la topología

En este paso, ya la topología se ha creado y se tiene acceso a la terminal de Mininet, aquí se debe ejecutar el comando "**pingall**" para comprobar si el controlador esta activo y puede gestionar la topología, sin embargo, al iniciar la topología si se conecta correctamente al controlador, se mostrará en la terminal de Ryu lo siguiente (ver Figura 49):

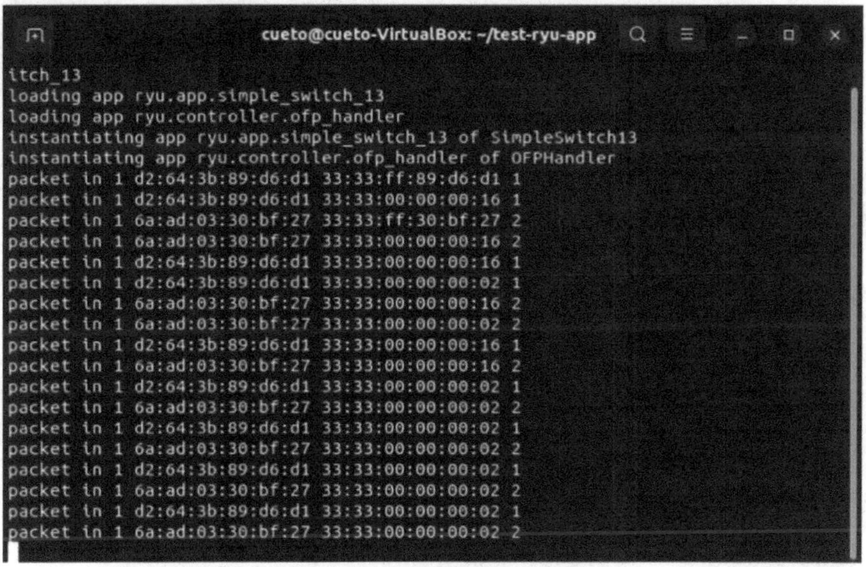

Figura 49. Conexión exitosa entre Ryu y Mininet

Ahora, si se prueba conexión, naturalmente dará exitoso el envío de paquetes, así como se observa en la Figura 50.

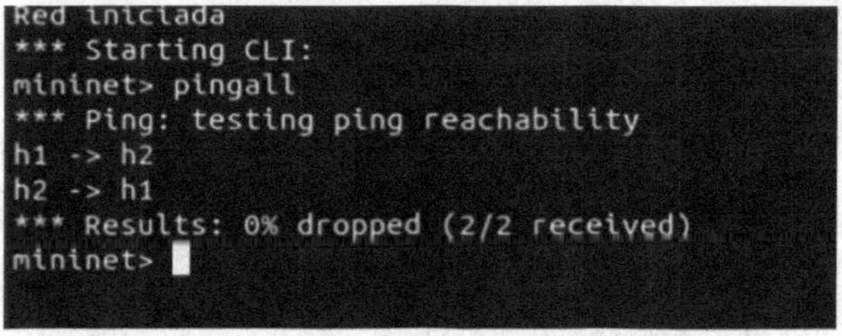

Figura 50. Prueba de conexión exitosa entre hosts

Esto garantiza que los mensajes intercambiados entre hosts se gestionan correctamente por parte del controlador, si bien esto es una prueba de que el controlador funciona correctamente, a continuación, se presentan unos casos de ejemplo adicionales en los que se evaluará el controlador con diferentes tipos de topologías y cantidad de hosts.

Caso 1: topología de árbol

En este caso de evalúa una topología en forma de árbol conectada al controlador con un switch raíz, 3 hijos y 3 hosts conectados a cada hijo. Para crearla será necesario ejecutar el siguiente comando:

```
sudo mn --topo tree,depth=2,fanout=3 --controller=remote --switch ovs,protocols=OpenFlow13
```

Siendo este el caso, se crea la topología y se ejecuta normalmente (ver Figura 51), y además el controlador captura los paquetes que se intercambian entre dispositivos (ver Figura 52):

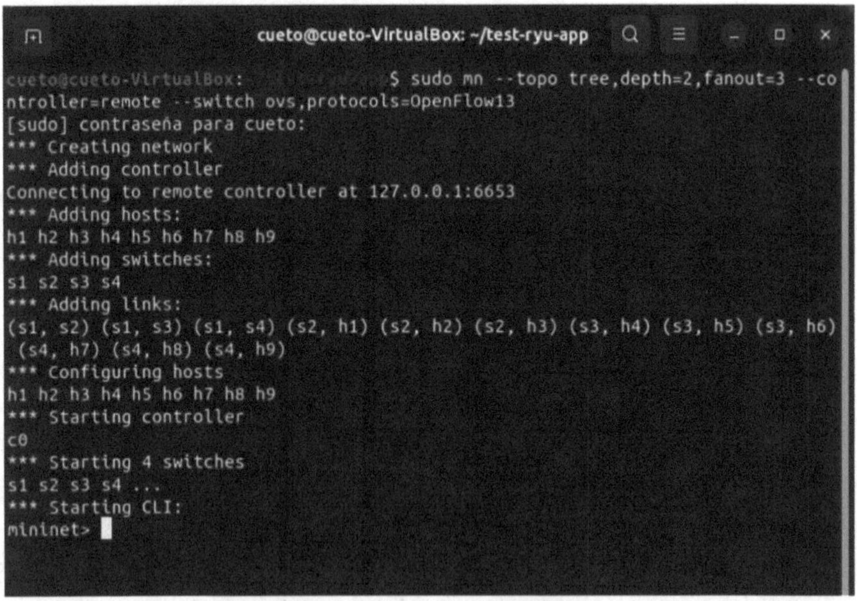

Figura 51. Creación de una topología árbol 2x3

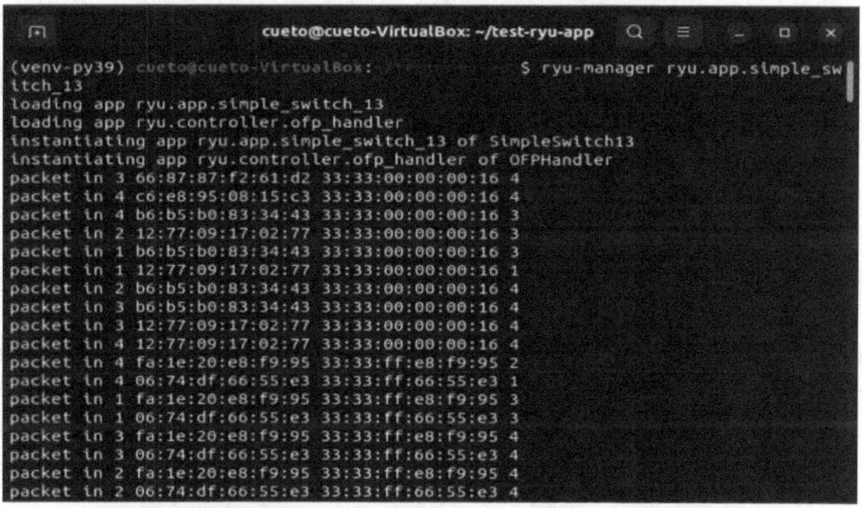

Figura 52. Captura de paquetes al momento de la creación de la topología árbol 2x3

Esto nos muestra una vez más que hay conexión entre el controlador y la topología creada, y, si se hace un ping entre todos los hosts, se debería obtener respuesta exitosa, tal como se observa en la Figura 53.

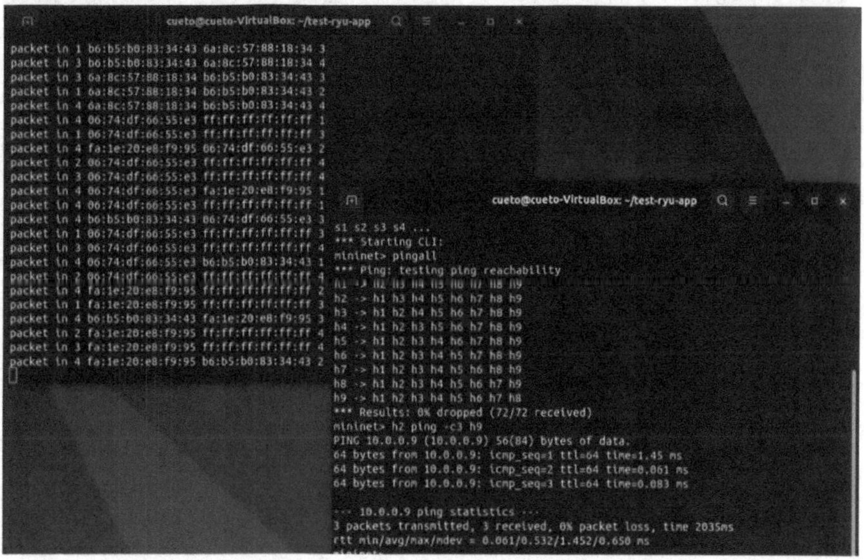

Figura 53. Prueba exitosa de ping entre todos los hosts

Caso 2: topología de lineal

En este otro ejemplo, se evalúa una topología de tipo lineal, es decir, en este caso, cuatro switches conectados en línea, con un host por cada switch, para crearla se ejecuta el siguiente comando:

```
sudo mn --topo linear,4 --controller=remote --switch ovs,protocols=OpenFlow13
```

Y al ejecutarlo se desplegará inmediatamente la topología lineal (ver Figura 54):

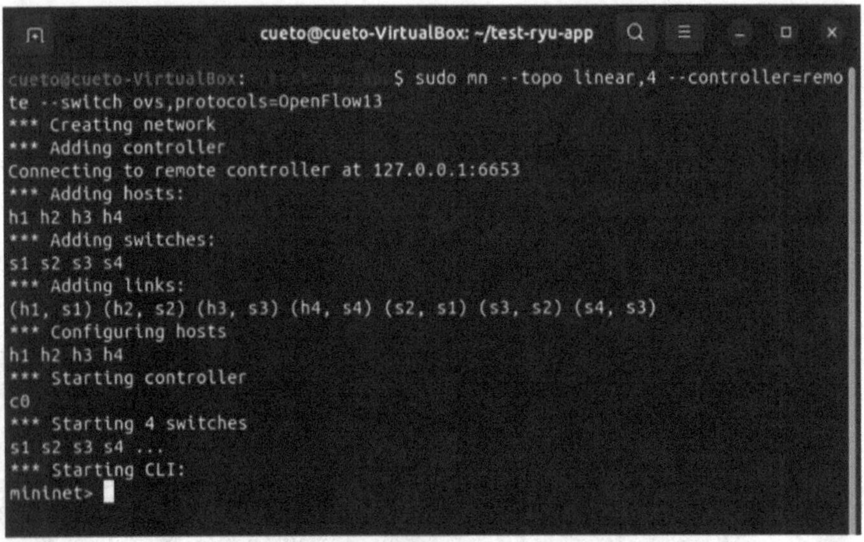

Figura 55. Creación de una topología lineal con 4 switches

Y si hacemos una prueba de conexión efectivamente se verá respuesta acertada en los resultados (ver Figura 55).

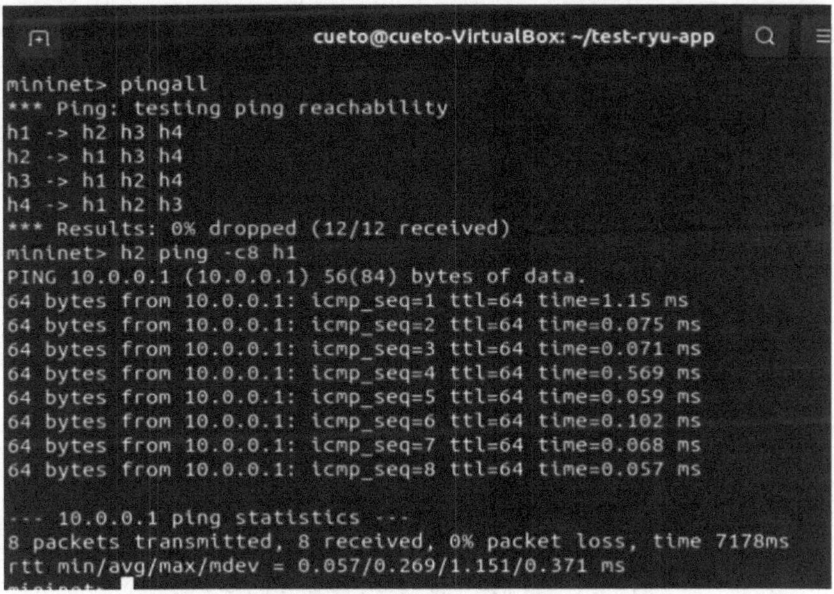

Figura 56. Captura exitosa de paquetes en la topología lineal

Caso 3: topología de malla completa

En continuación con las pruebas, ahora se crea una topología de tipo malla con 4 switches conectados en forma de malla (todos con todos) y un host por cada switch. Para este caso será necesario crear un script con el código que realice la operación; con el siguiente comando se crea el archivo dentro del directorio de trabajo que se ha venido manejando:

```
sudo nano custom_topos.py
```

Y en el editor de nano que se abre, se ingresa el siguiente código, el cual será el que implemente de manera automática toda la lógica de la topología malla en su versión personalizada.

```
from mininet.topo import Topo

class FullMeshTopo(Topo):
    def build(self):
        switches = []

        for i in range(4):
            switch =
self.addSwitch(f's{i+1}', protocols='Open-
Flow13')
            host = self.addHost(f'h{i+1}')
            self.addLink(switch, host)
            switches.append(switch)

        for i in range(len(switches)):
            for j in range(i + 1,
len(switches)):
                self.addLink(switches[i],
switches[j])

topos = {
    'fullmesh': FullMeshTopo
```

Tras ubicar el código anterior dentro del nuevo archivo, recordando, se da "Ctrl + O" para guardar y "Ctrl + X" para salir del editor. Y posteriormente se ejecuta el archivo con el siguiente comando:

sudo mn --custom custom_topos.py --topo fullmesh --controller=remote --switch ovs,protocols=OpenFlow13

Antes de ejecutar la topología preferiblemente el controlador ya debe estar activo (ver Figura 56). Entonces, resulta claro destacar el comportamiento curioso en este caso, y es que, inmediatamente se ejecuta la topología de red malla, el controlador no para de procesar paquetes entrantes, como si se tratara de un ataque de inundación (flood) o que los paquetes circulan en todas direcciones (ver Figura 58), además, se notará un aumento en el consumo de CPU y memoria RAM. A continuación, se ve entonces el detalle.

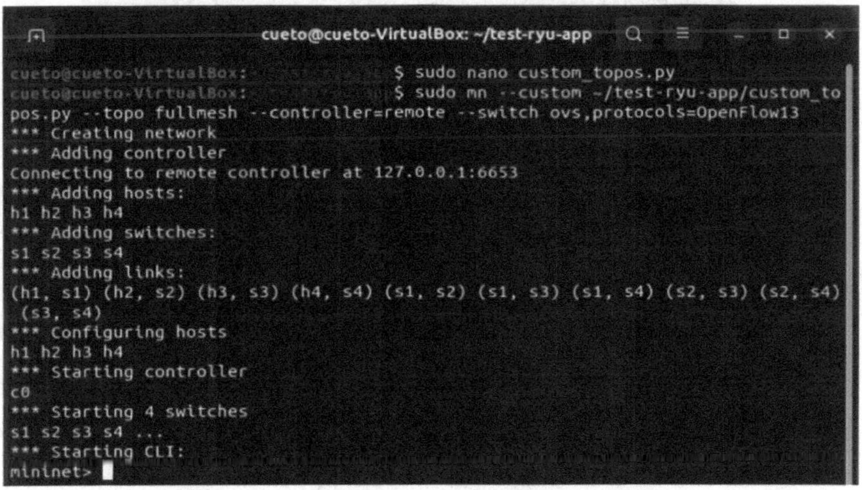

Figura 58. Creación de la topología personalizada full mesh

Y si se prueba la conexión se verá lo interesante (ver Figura 57):

Figura 59. Prueba de conexión entre hosts de la red malla

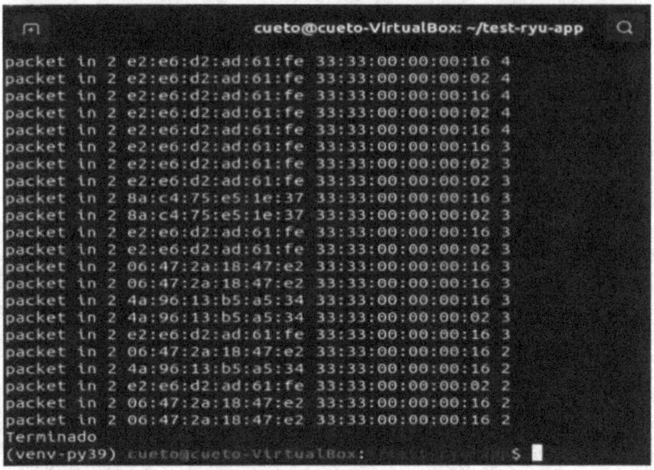

Figura 60. Captura de paquetes de la topología malla

Como pudo verse en las dos imágenes anteriores, a pesar de que el controlador muestra actividad, todos los paquetes ping (ICMP) fallan para todos los casos, esto pues, resulta completamente normal, ¿por qué? La explicación a este fenómeno se debe simplemente a que el controlador, en el estado que se encuentra no es capaz de identificar caminos. ¿Qué quiere decir esto? De manera más precisa, lo que sucede es que, la malla o ***full mesh*** al ser una topología en la que los switches están interconectados todos, se forma un bucle que confunde al controlador.

Esto quiere decir que, cuando un host envía un paquete a otro, el switch que envía dicho paquete inunda este mismo hacia los otros switches, lo cual retorna en la generación de múltiples caminos hacia el mismo destino, lo que a su vez, provoca que muchos paquetes lleguen al controlador al mismo tiempo, lo cual resulta innecesario, redundante e ineficiente, y como consecuencia, la confusión del controlador no permite instalar una regla de flujo determinante, a lo que los paquetes continúan circulando en el bucle sin retorno.

Como contrapartida, se tiene una opción bastante clara y sencilla, la cual consiste en activar el **Spanning Tree Protocol** (STP) o Protocolo del árbol de expansión, más en detalle, este protocolo lo que hace es, de manera lógica, bloquear las rutas que causan redundancia en la red, así pues, si físicamente la red tiene conexiones redundantes que causan un bucle, este protocolo solo dejará habilitada una única ruta a nivel lógico para evitar que la red se sature, tal y como se ha podido comprobar en este caso práctico.

Volviendo a la parte práctica, lo primero que se debe hacer es salir de la consola de Mininet con el comando "exit" (ver Figura 59):

Figura 61. Finalizar la topología de Mininet

Posteriormente, dar el siguiente comando para limpiar cualquier caché de la topología (este comando tambien finaliza el controlador):

sudo mn -c

De esta manera, se vuelve a ejecutar el controlador con el comando:

```
ryu-manager ryu.app.simple_switch_13
```

Y después, se vuelve a ejecutar la topología:

```
sudo mn --custom custom_topos.py --topo fullmesh --controller=remote --switch ovs,protocols=OpenFlow13
```

Y en la terminal de Mininet, se ejecuta la siguiente instrucción:

```
sh ovs-vsctl set Bridge s1 stp_enable=true
sh ovs-vsctl set Bridge s2 stp_enable=true
sh ovs-vsctl set Bridge s3 stp_enable=true
sh ovs-vsctl set Bridge s4 stp_enable=true
```

Esto activará el protocolo STP en cada uno de los switches, lo cual solucionará el problema de la inundación por la redundancia de las rutas bucle generadas por la interconexión (ver Figura 60).

Es preciso señalar que, entre más tiempo se tarde en dar la instrucción, más paquetes inundarán el controlador. Motivo por el que **solo se debe copiar el bloque de código y pegarlo en la terminal de Mininet** para así ejecutarlo en el menor tiempo posible.

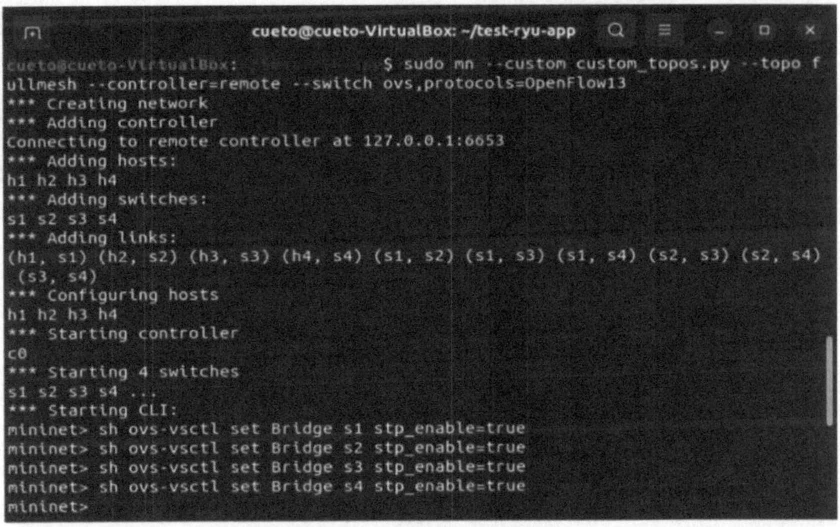

Figura 63. Probando conexión malla con STP

Y entonces, se prueba la conexión general una vez más (ver Figura 61).

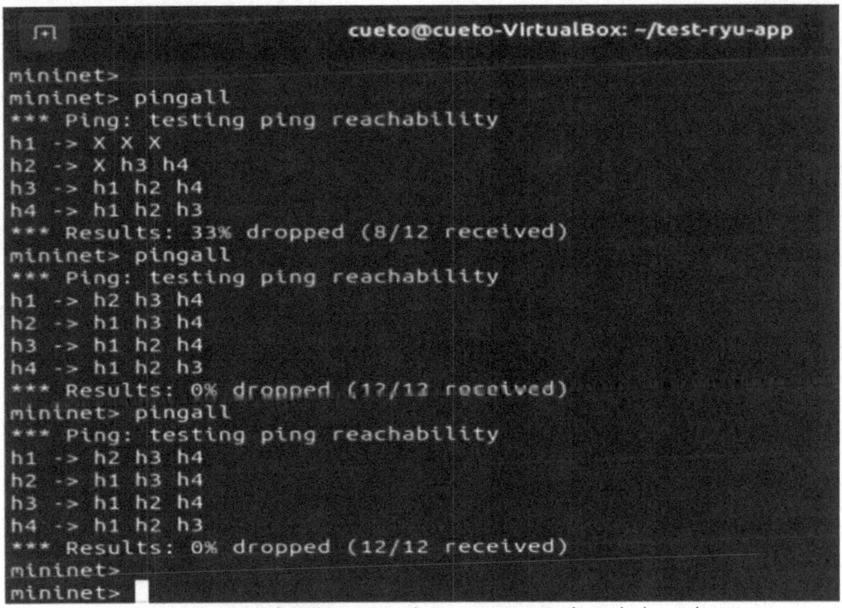

Figura 64. Habilitando STP en los cuatro switches de la red

En resumidas cuentas, tas activar el protocolo STP se comprueba que la conexión se reactiva, notando que, tras la activación solo un **33%** de los paquetes se perdieron, pero en las otras dos pruebas, el **0%** de los paquetes se perdieron. Este hecho destaca la importancia de no tardarse mucho tiempo en activar el protocolo, ya que, si resulta el caso, el controlador podría quedar sobrecargado y no respondería a los cambios.

Con esto se da por concluida la parte práctica con el funcionamiento básico de Ryu y topologías de red en Mininet. Lo que queda por evaluar, es la temática principal de este libro: "El balanceo de carga y la calidad de servicios con algoritmos de Machine Learning". Para esto será necesario ir al repositorio del proyecto, en el cual se encuentra un ejemplo de una integración de un algoritmo de balanceo de carga integrado con la técnica de calidad de servicios de priorización de colas con Machine Learning.

El paso para seguir ahora es descargar el repositorio en la máquina virtual. Para ello en una terminal de debe ejecutar el siguiente bloque de comandos, es preciso recordar que todo puede hacerse en el directorio de trabajo o bien se puede trabajar en un nuevo directorio si se quiere una instalación limpia (ver Figura 62).

```
git clone https://github.com/jcm78411/load-balancer-prober.git
cd load-balancer-prober
```

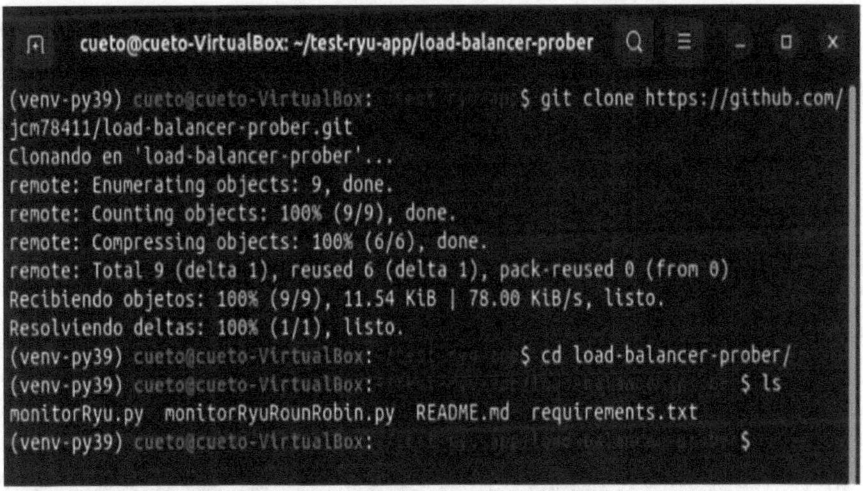

Figura 65. Proceso de descarga del repositorio de prueba

Después de haber clonado el repositorio y ubicarse dentro de este mismo, se debe crear un entorno virtual con el comando mostrado a continuación, ***este paso es opcional***, si se desea trabajar con el entorno virtual creado en la fase de pruebas, se puede omitir e instalar las librerías predeterminadas directamente.

```
python3.9 -m venv venv-py39
```

En caso de que se haya decidido usar un nuevo entorno virtual, se debe ejecutar el siguiente comando para activar el entorno creado:

```
source venv-py39/bin/activate
```

Y como último paso, independiente del entorno virtual usado, se instalan las librerías predeterminadas en el archivo de requerimientos con el siguiente comando, resaltando que, si se optó por no crear un nuevo entorno virtual, durante el proceso de instalación de los requerimientos se realizará la desinstalación de las librerías que ya se encontraban instaladas en el entorno, y como se supone, este proceso no causará ningún conflicto con otros paquetes (ver Figura 63):

pip install -r requirements.txt

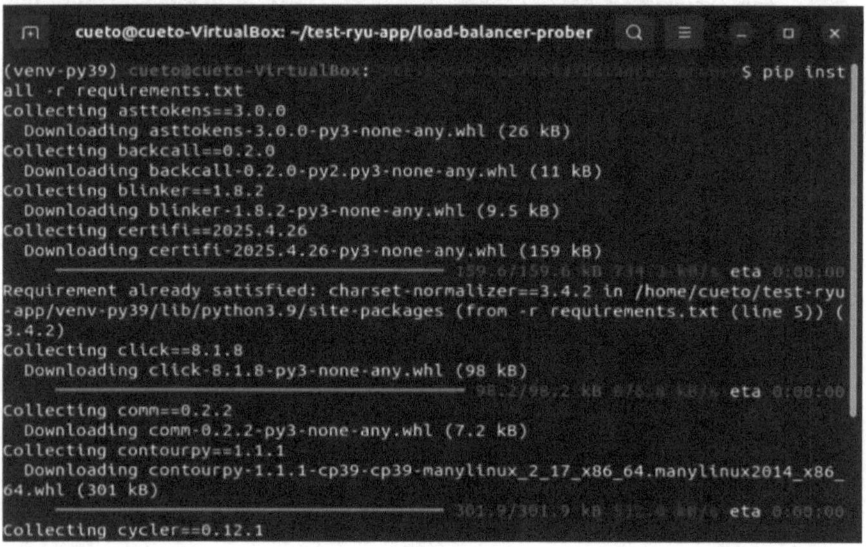

Figura 67. Instalación de los paquetes de requirements.txt

Lo que sigue a continuación es ejecutar el controlador personalizado. Esto se sigue como ejecutar el servicio de Ryu normal con el siguiente comando como se observa en la Figura 64:

ryu-manager monitorRyu.py

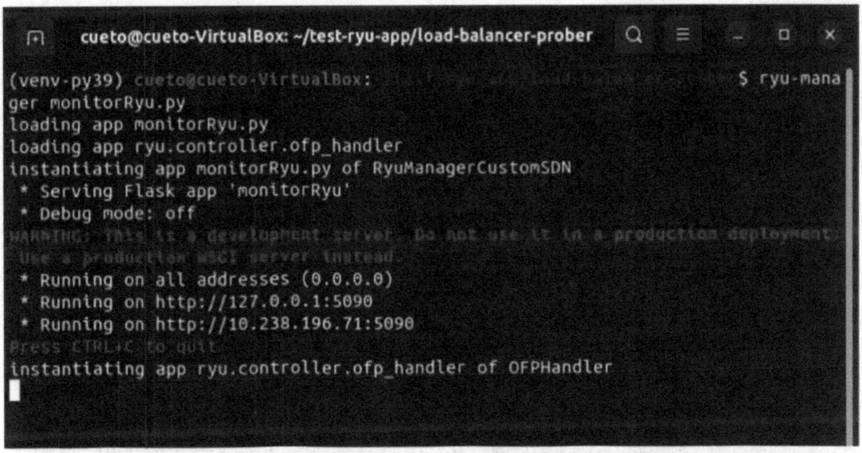

Figura 69. Controlador con balanceo de carga predictivo integrado

Como se pudo apreciar, el controlador se ha desplegado correctamente y las métricas se están exponiendo para su consumo a través de la API de Flask que puede ser consumida desde cualquier cliente web o externo que haga uso de la dirección localhttp://127.0.0.1:5090/metrics o en el caso de que sea a través de internet, la dirección http://10.238.196.71:5090/metrics. Lo siguiente es crear la topología que se conectará al controlador. Para ello se usará la topología árbol ya trabajada:

```
sudo mn --topo tree,depth=2,fanout=3 --controller=remote --
switch ovs,protocols=OpenFlow13
```

Y al ejecutar el comando en la terminal, se crea la topología correctamente como se muestra en la Figura 65:

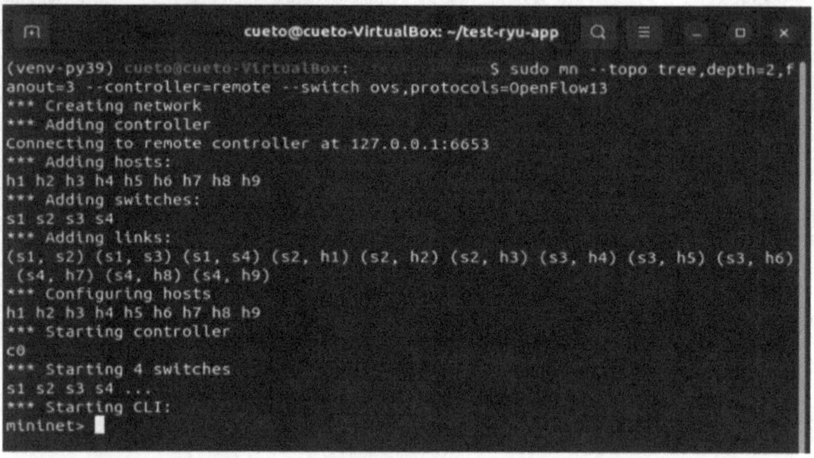

Figura 71. Creación de la topología árbol 2x3

Y al mismo tiempo, en la terminal donde se ejecuta el controlador se puede observar que se capturan los eventos y paquetes que se intercambian los dispositivos de red, así como se muestra en la Figura 66:

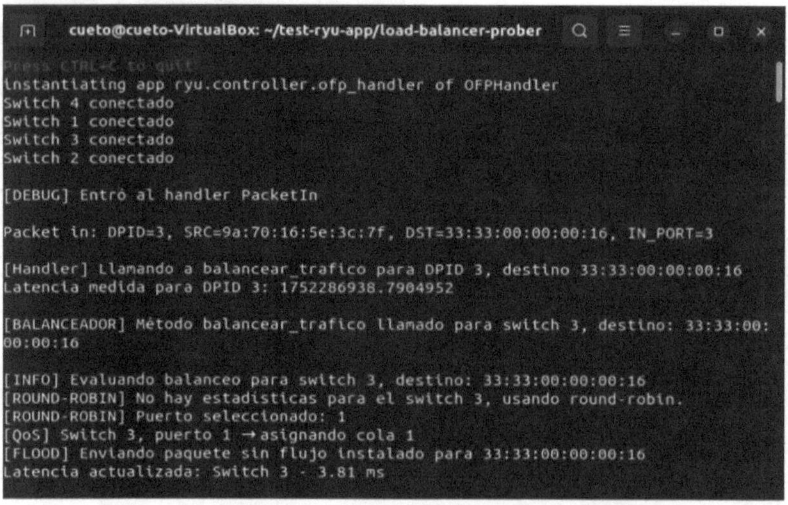

Figura 72. Captura de eventos del controlador personalizado.

Ahora bien, a continuación, se realizan unas pruebas de conectividad para comprobar que el controlador realmente gestiona los switches de manera adecuada, y como se puede apreciar en la Figura 67, todos los paquetes llegan a su destino sin errores.

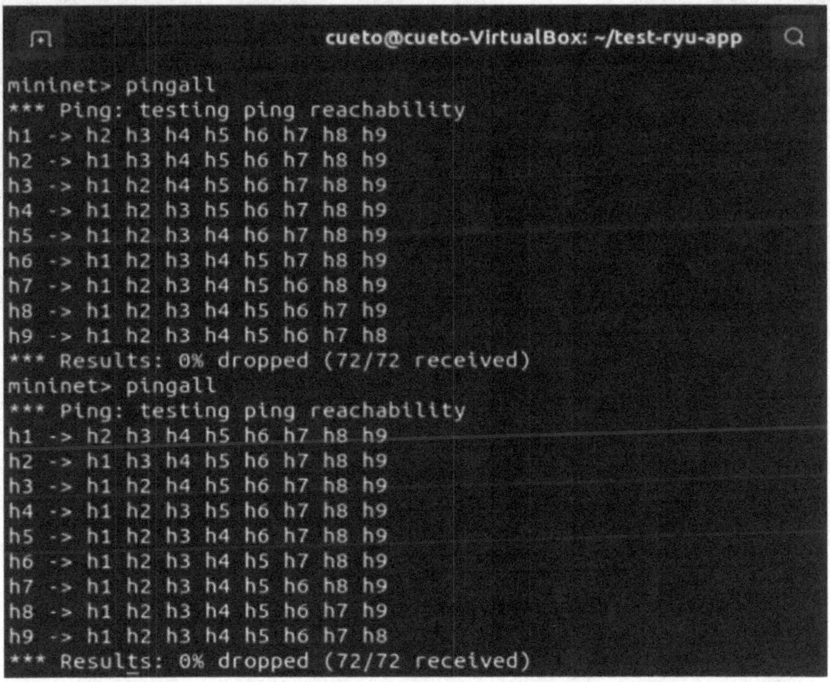

Figura 73. Gestión exitosa por parte del nuevo controlador.

Como última prueba, se ejecuta un ataque tipo inundación o Flood en todas direcciones. Para ello se debe instalar la herramienta de xterm, la cual es una terminal integrada para los hosts de Mininet, para ello en una terminal adicional se ejecuta el siguiente comando (ver figura 68):

```
sudo apt install xterm
```

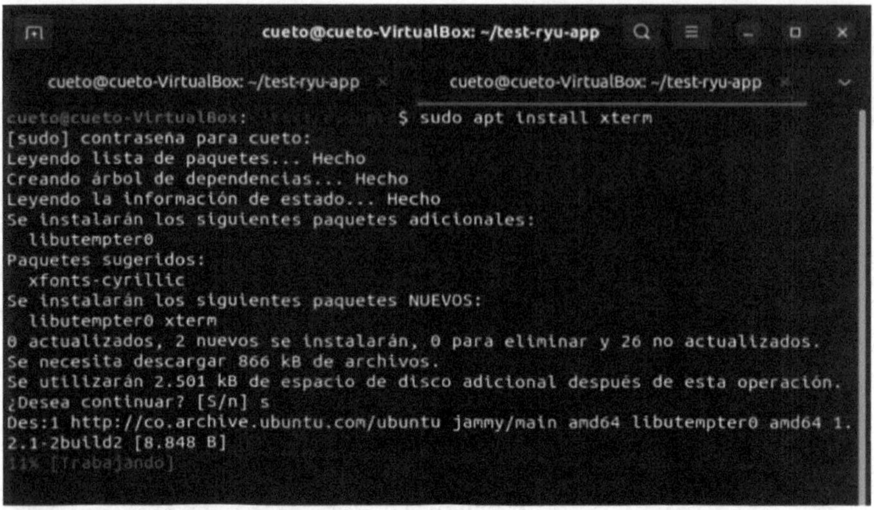

Figura 75. Instalación de Xterm en una nueva terminal

Posterior a la instalación, en la terminal donde se ejecuta la topología de Mininet se ejecuta el siguiente comando, el cual abrirá una terminal por cada host:

```
xterm h1 h2 h3 h4
```

Después que se hayan abierto las cuatro terminales, sigue dar el siguiente comando, en donde la letra <u>*x*</u> corresponde al digito de cada host (esto puede consultarse con el comando **<u>ifconfig</u>**, al ejecutarlo en cada terminal se podrá obtener la IP exacta de cada host):

```
ping -f 10.0.0.x
```

Una vez ejecutados los comandos en cada terminal, se muestra algo como lo siguiente (ver Figura 69):

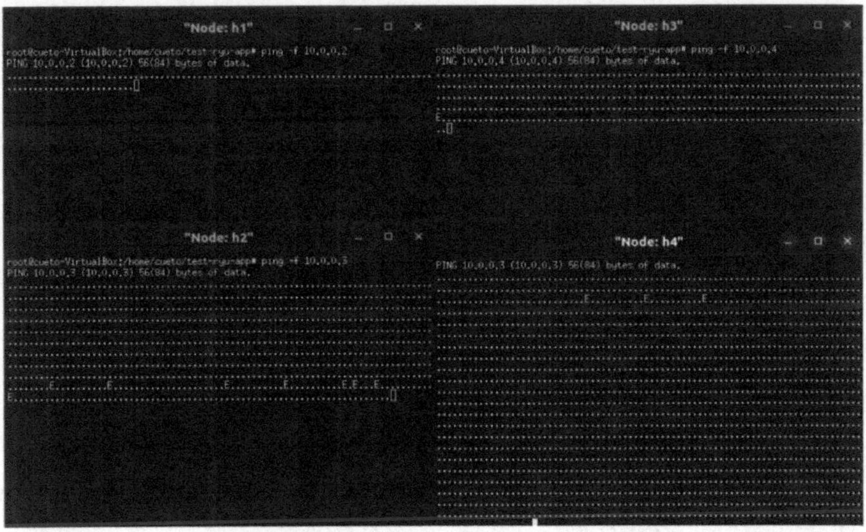

Figura 77. Inundación de paquetes controlada

Lo anterior sucede porque el comando ejecutado envía paquetes tan rápido como sea posible. Lo cual amplía en gran medida la carga sobre el gestor. Entonces, el balanceador entra en operación una vez que el algoritmo predictivo detecta congestión; sin embargo, para un caso de este tipo, el rendimiento se ve limitado, a lo que es preciso considerar la implementación de mejoras y así comprobar si los registros capturados en el archivo de métricas que se genera durante la ejecución del controlador presentan mejoría. Contrastándolos con los otros dos ejemplos de controladores implementados en el repositorio. Y que, según pruebas realizadas en ocasiones anteriores, el balanceador de carga presentó mejor rendimiento en factores como la tasa de gestión de paquetes en menor tiempo y latencia de los switches, además de distribuir equitativamente el ancho de banda disponible frente a los otros dos casos implementados.

En síntesis, este controlador implementa funciones para balanceo de tráfico y aplicación de QoS en una red controlada con SDN usando el controlador Ryu. Cuenta con un módulo que carga un modelo de Machine Learning que predice congestión con base a las estadísticas de tráfico medidas en tiempo real; y un módulo balanceador de carga que selecciona el puerto con menor bytes transferidos en caso de que el modelo detecte congestión, y en caso de que no haya estadísticas de tráfico disponibles, se utiliza el algoritmo de Round Robin para seleccionar el puerto de salida, además, incluye un módulo que aplica QoS de prioridad de colas.

Por otra parte, la implementación del balanceador de carga en el manejador de eventos _packet_in_handler es la siguiente:

a. Para un paquete recibido se extrae el datapath del switch, su DPID y se crea un objeto Packet y se captura su cabecera Ethernet para que después el controlador aprenda la dirección MAC destino conectada al puerto de entrada.
b. Después se hace el registro del dispositivo junto con la latencia del switch para exponerlo en un servidor.
c. Y se implementa la llamada al balanceador de carga, el cual analiza las estadísticas medidas del switch, predice congestión con dichas métricas y devuelve un puerto optimo, caso de que no haya estadísticas se usa Round Robin para seleccionar el puerto optimo.
d. Si el puerto no se conoce y tampoco es de tipo FLOOD, crea una regla de coincidencia o match para instalar un

flujo y asigna una cola QoS acorde al puerto y sus respectivas acciones.

e. Después se instala el flujo para que el paquete no regrese al controlador y se aplica la política QoS, además, en caso de que no se decida un puerto entonces se utiliza FLOOD por defecto (hacer broadcast) y finalmente se construye y se envía el nuevo paquete PacketOut al switch para que reenvíe el paquete al destino.

f. Como último paso todas las métricas medidas de los switches se guardan en un registro de datos históricos para su posterior análisis.

Ya para terminar, podemos decir que, Ryu es una herramienta para SDN muy útil, dinámica y fácil de manejar. Aunque tiene desventajas que lo ponen por debajo de otros controladores como ONOS u OpenDaylight a nivel operativo, no deja de ser una de las mejores herramientas para manejo de SDN en ambiente minimalista que no requieran diseños o configuraciones complejas tales como diseño y despliegue de redes a mediana y pequeña escala, personalización de la gestión de redes, diseño de nuevos métodos de procesamiento de paquetes, implementación y evaluación de políticas de redes como balanceadores de carga, algoritmos de calidad de servicios, y muchos otros usos más. Como ya se ha mencionado en líneas anteriores, al estar escrito en Python su curva de aprendizaje se simplifica mucho, y al ser una plataforma de código abierto, además de ser de uso en sistemas de código abierto, las posibilidades se diversifican en gran medida. Es por esto por lo que, con el constante avance tecnológico, la idea que prima es la de innovar, hacer uso de todas estas herramientas para perfeccionar y contribuir a la integración de las SDN en este mundo donde las redes tradicionales aún siguen siendo las que se imponen y que a la vez continúan generando los mismos problemas que las SDN ya se están encargando de solucionar.

Por todo esto, no queda más que decir… el conocimiento está, las herramientas están, los métodos están… ¡prácticamente todo está! Solo falta que esa chispa de imaginación que tenemos todos salga a flote y nos de ese impulso que tanto necesitamos para emprender.

Referencias

[1]. Grupo Banco Mundial. (2024). La digitalización Mundial En 10 Gráficos. https://www.bancomundial.org/es/news/immersive-story/2024/03/05/global-digitalization-in-10-charts

[2]. Lozano, M., & Hayes, C. (2024). HighSpeedInternet.com. ¿Cómo puedo saber si mi ISP está limitando mi conexión a internet? Recuperado de https://www.highspeedinternet.com/es/recursos/internet-limitado-por-isp

[3]. Castells, M. (2024). OpenMind BBVA. El impacto de internet en la sociedad: una perspectiva global. Recuperado a partir de https://www.bbvaopenmind.com/articulos/el-impacto-de-internet-en-la-sociedad-una-perspectiva-global/

[4]. Red Hat. (2021). Edge Computing. ¿Qué es el Edge Computing? Recuperado de https://www.redhat.com/es/topics/edge-computing/what-is-edge-computing

[5]. IBM. (2024). ¿Qué es el Edge computing? Recuperado de https://www.ibm.com/es-es/topics/edge-computing

[6]. Delgado, J. M., (2023). Computer Hoy. Estándares WiFi: tipos, compatibilidad y todo lo que debes saber para tener un WiFi más rápido. Recuperado de https://computerhoy.com/redes/estandares-wifi-tipos-compatibilidad-todo-debes-saber-1348830

[7]. Simancas Chamba, E. P. (2006). Análisis del estándar IEEE 802.22 (Wireless Regional Área Network (WRAN)) y su posible

implementación en Ecuador (Bachelor's thesis, QUITO/EPN/2006).

[8]. González Sarabia, P. S. (2023). Análisis de algoritmos balanceadores de carga utilizando máquinas virtuales para la optimización de tiempo y recursos en servidores web (Bachelor's thesis, Universidad Técnica de Ambato. Facultad de Ingeniería en Sistemas, Electrónica e Industrial. Carrera de Tecnologías de la Información).

[9]. Fernández Rosa, (2023). STATISTA. Tecnología y telecomunicaciones. El uso de Internet a nivel mundial – Datos estadísticos. Recuperado desde https://es.statista.com/temas/9795/el-uso-de-internet-en-el-mundo/#editorsPicks

[10]. Journal, I. J. E. R. T. (2018). IJERT-Load balancing using sdn methodology. International Journal of Engineering Research and Technology (IJERT).

[11]. Tache (Ungureanu), Maria Daniela, Ovidiu Păscuţoiu, and Eugen Borcoci. 2024. "Optimization Algorithms in SDN: Routing, Load Balancing, and Delay Optimization" *Applied Sciences* 14, no. 14: 5967. https://doi.org/10.3390/app14145967

[12]. Alhilali, A., Montazerolghaem, A. (2023). Internet of Things. Artificial intelligence-based load balancing in SDN: A comprehensive survey. Recuperado de https://doi.org/10.1016/j.iot.2023.100814

[13]. Thangarah, E., Sathappan, A., Rodrigues, P. (2023). An Efficient Switch Migration Scheme for Load Balancing in Software

Defined Networking. Recuperado de https://hrcak.srce.hr/file/434210

[14]. Sridevi, K., & Saifulla, M. A. (2023/03//). LBABC: Distributed controller load balancing using artificial bee colony optimization in an SDN. *Peer-to-Peer Networking and Applications, 16*(2), 947-957. https://doi.org/10.1007/s12083-023-01448-2

[15]. Gulbakhram, B., Zhidebayeba, A., Kopzhassarova, Z., Kozhabekova, P., Myrzakhmetova, B., Kerimbekov, M., Ussipbekova, D., Yeshenkozhaev (2024). Load Balancing in DCN Servers Through Software Defined Network Machine Learning. *International Journal of Advanced Computer Science and Applications, 15*(2)https://doi.org/10.14569/IJACSA.2024.0150254

[16]. Shahzad, M., Liu, L., Belkout, N., & Antonopoulos, N. (2023/12//). Optimal controller selection and migration in large scale software defined networks for next generation internet of things. *SN Applied Sciences, 5*(12), 309. https://doi.org/10.1007/s42452-023-05535-0

[17]. Serag, R. H., Abdalzaher, M. S., Hussein Abd El, A. E., Sobh, M., Krichen, M., & Salim, M. M. (2024). Machine-Learning-Based Traffic Classification in Software-Defined Networks. *Electronics, 13*(6), 1108. https://doi.org/10.3390/electronics13061108

[18]. Zhou, Y., Zhu, M., Xiao, L., Ruan, L., Duan, W., Li, D., ... & Zhu, M. (2014, September). A load balancing strategy of sdn controller based on distributed decision. In *2014 IEEE 13th International Conference on Trust, Security and Privacy in Computing and Communications* (pp. 851-856). IEEE.

[19]. Olaya, M. E., Bernal, I., & Mejía, D. (2016, April). Application for load balancing in SDN. In *2016 8th Euro American Conference on Telematics and Information Systems (EATIS)* (pp. 1-8). IEEE.

[20]. Todorov, D., Valchanov, H., & Aleksieva, V. (2020, October). Load balancing model based on machine learning and segment routing in SDN. In *2020 International Conference Automatics and Informatics (ICAI)* (pp. 1-4). IEEE.

[21]. Yang, C. T., Chen, S. T., Liu, J. C., Su, Y. W., Puthal, D., & Ranjan, R. (2019). A predictive load balancing technique for software defined networked cloud services. *Computing, 101*, 211-235.

[22]. Yang, C. T., Su, Y. W., Liu, J. C., & Yang, Y. Y. (2014, December). Implementation of load balancing method for cloud service with open flow. In *2014 IEEE 6th International Conference on Cloud Computing Technology and Science* (pp. 527-534). IEEE.

[23]. Caiza, A. R. M., Quimbita, D. A. M., & Tropea, M. (2024, June). Load balancing algorithms in SDN networks with multiple servers. In Disruptive Technologies in Information Sciences VIII (Vol. 13058, pp. 424-434). SPIE.

[24]. Zhou, Y., & Liu, C. (2024, March). Server Load Balancing Scheme Based on Weighted-Round Robin Combined with Least Connections Algorithm in SDN. In *2024 7th International Conference on Advanced Algorithms and Control Engineering (ICAACE)* (pp. 1008-1012). IEEE.

[25]. VMware, s.f. (2024). Tecnología y telecomunicaciones. What is Software-Defined Networking (SDN)? Recuperado desde https://www.vmware.com/topics/software-defined-networking

[26]. s.f, (2023). IBM. Tecnología y telecomunicaciones. El uso de Internet a nivel mundial – Datos estadísticos. Recuperado desde https://www.ibm.com/topics/sdn

[27]. s.f, CLOUDFLARE. (2023). ¿Qué es una red definida por software (SDN)? Recuperado de https://www.cloudflare.com/es-es/learning/network-layer/what-is-sdn/

[28]. Rosencrane, L., English, J., Burke, J. (2024) TECHTARGET. Network Infraestructure. software-defined networking (SDN). Recuperado de https://www.techtarget.com/searchnetworking/definition/software-defined-networking-SDN

[29]. Benzekki, Kamal & El Fergougui, Abdeslam & El Belrhiti El Alaoui, Abdelbaki. (2017). Software-defined networking (SDN): A survey. Security and Communication Networks. 9. 10.1002/sec.1737.

[30]. TecnoDigital. (julio, 2023). INFOMATECDIGITAL. Inteligencia Artificial. Algoritmos de Inteligencia Artificial: Concepto y Aplicaciones. Tomado de https://informatecdigital.com/inteligencia-artificial/algoritmos-de-inteligencia-artificial-concepto-y-aplicaciones/#

[31]. IBM. (s.f). ¿Qué es la inteligencia artificial (IA)? Recuperado de https://www.ibm.com/mx-es/topics/artificial-intelligence

[32]. ISO (s.f). ¿Qué es la inteligencia artificial (IA)? Recuperado de https://www.iso.org/es/inteligencia-artificial/que-es-ia

[33]. AXESS. (febrero, 2023). AXESSNET. El balanceo de carga de red. Tomado de https://axessnet.com/el-balanceo-de-carga-de-red/

[34]. Pandora FMS. (n.d.). *Medición del ancho de banda y consumo de red: Guía completa*. Recuperado de https://pandorafms.com/es/it-topics/medicion-del-ancho-de-banda-y-consumo-de-red-guia-completa/

[35]. Fortinet. (n.d.). *QoS (Quality of Service)*. Recuperado de https://www.fortinet.com/lat/resources/cyberglossary/qos-quality-of-service

[36]. Ali, H. (2018). *¿Qué es la Calidad de Servicio (QoS) y cómo puede usarla para mejorar el rendimiento de su red?* Recuperado de https://fiberroad.com/es/resources/glossary/what-is-quality-of-service-qos/

[37]. Julián. (n.d.). *Estudio del controlador SDN Ryu sobre una Raspberry-Pi Model 4 [Tesis de grado, Universitat Politècnica de València]*. Repositorio Institucional UPV. Recuperado de https://riunet.upv.es/bitstream/handle/10251/152347/Julián%20-%20Estudio%20del%20controlador%20SDN%20Ryu%20sobre%20una%20Raspberry-Pi%20Model%204.pdf?sequence=1

[38]. Ryu Project Team. (n.d.). *Getting Started: ¿What's Ryu?* Recuperado de https://ryu.readthedocs.io/en/latest/getting_started.html#what-s-ryu

[39]. Cisco Systems. (n.d.). *Spanning Tree Protocol.* Recuperado el 29 de junio de 2025, de https://www.cisco.com/c/es_mx/tech/lan-switching/spanning-tree-protocol/index.html

[40]. Stack Overflow. (2018, agosto 11). *Ryu/SDN: Identify packet sent by controller from switch to switch* [Pregunta en línea]. Recuperado el 29 de junio de 2025, de https://stackoverflow.com/questions/47464503/ryusdn-identify-packet-send-by-controller-from-switch-to-switch

[41]. Farjad, S. (s.f.). *A Brief Tutorial on SDN using Ryu Controller* [Blog]. Recuperado el 29 de junio de 2025, de https://smfarjad.github.io/A-Brief-Tutorial-on-SDN-using-Ryu-Controller/

[42]. Khattak, H. U., Khan, J., Azad, B., & Khan, Z. (2023). *Evaluation and performance analysis of the Ryu controller in various network scenarios* [Artículo en línea]. ResearchGate. Recuperado de https://www.researchgate.net/publication/391572933_Evaluation_and_Performance_Analysis_of_the_Ryu_Controller_in_Various_Network_Scenarios

[43]. Banks, M. (2018, noviembre 21). *SDN series, part IV: Ryu—a rich-featured open source SDN controller supported by NTT Labs.* The New Stack. Recuperado el 29 de junio de 2025, de https://thenewstack.io/sdn-series-part-iv-ryu-a-rich-featured-open-source-sdn-controller-supported-by-ntt-labs/

[44]. Aptira. (2016, octubre 4). *Comparison of software-defined networking (SDN) controllers: Part 5 – Ryu.* Aptira Blog. Recuperado el 29 de junio de 2025, de https://aptira.com/comparison-of-software-defined-networking-sdn-controllers-part-5-ryu/

[45]. NTT Technical Review. (2014, agosto). *Feature article: SDN controller-Ryu implementation using OpenFlow 1.3* [Artículo en línea]. Recuperado el 29 de junio de 2025, de https://www.ntt-review.jp/archive/ntttechnical.php?contents=ntr201408fa4.html

[46]. Chandimal Jayawardena, Jay Chen, Amay Bhalla, Lin Bu. (2025). *Comparative Analysis of POX and RYU SDN Controllers in Scalable Networks* [Preprint]. arXiv. https://doi.org/10.48550/arXiv.2504.12770

[47]. Ryu Development Team. (s.f.). *Ryu SDN Controller resources* [Página web]. Recuperado el 29 de junio de 2025, de https://ryu-sdn.org/resources.html

Kolibri 360 GmbH
Ferdinand-Jühlke-Straße 7
99095 Erfurt, Deutschland
produktsicherheit@kolibri360.de

Druck:
CPI Druckdienstleistungen GmbH
im Auftrag der
Kolibri 360 GmbH
Ferdinand-Jühlke-Str. 7
99095 Erfurt